作者简介

张云霞

　　1973年生，湖北省罗田县人，博士，现在江汉大学高等教育研究所从事高等教育研究工作。主持中国高等教育学会"十一五"规划项目"高等教育在构建社会主义和谐社会中的地位及作用研究"、湖北省社科基金项目"教育功能的社会学研究"、湖北省教育厅人文社科研究项目"构建和谐高校校园的社会学研究"及"教育功能的社会学思考"、湖北省教科"十一五"规划项目"湖北城镇弱势群体子女教育问题研究"、武汉市教科"十一五"规划"武汉高等教育国际化对策研究"等多项课题研究，在《江苏高教》、《教育理论与实践》等全国中文核心期刊上发表多篇学术论文。

教育探新丛书

湖北省社会科学基金项目研究成果（项目编号：【2010】321）
江汉大学高层次人才科研启动经费资助出版

教育功能的社会学研究

■ 张云霞 著

武汉大学出版社

图书在版编目(CIP)数据

教育功能的社会学研究/张云霞著. ―武汉:武汉大学出版社,2011.6
教育探新丛书
　ISBN 978-7-307-08057-7

Ⅰ.教…　Ⅱ.张…　Ⅲ.高等教育—教育社会学—研究—中国
Ⅳ.①G649.2　②G40-052

中国版本图书馆 CIP 数据核字(2010)第 150083 号

责任编辑:易　瑛　　责任校对:王　建　　版式设计:马　佳

出版发行:武汉大学出版社　　(430072　武昌　珞珈山)
　　　　　(电子邮件:cbs22@whu.edu.cn　网址:www.wdp.com.cn)
印刷:通山金地印务有限公司
开本:720×1000　1/16　印张:12　字数:172 千字　插页:3
版次:2011 年 6 月第 1 版　　2011 年 6 月第 1 次印刷
ISBN 978-7-307-08057-7/G·1740　　定价:26.00 元

版权所有,不得翻印;凡购我社的图书,如有质量问题,请与当地图书销售部门联系调换。

目 录

第一章 导 论 …………………………………………………… 1

第二章 教育功能研究的社会学基础 …………………………… 21
  第一节 基本概念的社会学解读 ……………………………… 21
    一、教育内涵的社会学解读 ………………………………… 21
    二、教育历程的社会学解读 ………………………………… 27
    三、教育特征的社会学解读 ………………………………… 29
    四、功能的社会学解读 ……………………………………… 33
    五、教育功能的社会学解读 ………………………………… 35
  第二节 教育功能的社会学范式 ……………………………… 36
    一、行动—结构范式 ………………………………………… 36
    二、结构功能范式 …………………………………………… 42
    三、互动范式 ………………………………………………… 46
    四、个体社会化范式 ………………………………………… 50
    五、建构范式 ………………………………………………… 55

第三章 教育功能的分类 ………………………………………… 63
  第一节 教育的个体功能与社会功能 ………………………… 64
    一、教育的个体功能 ………………………………………… 64
    二、教育的社会功能 ………………………………………… 68
  第二节 教育的正向功能与负向功能 ………………………… 69
    一、含义 ……………………………………………………… 69
    二、判别标准 ………………………………………………… 70

第三节　教育的显性功能与隐性功能 …………………… 72
　　　　一、认知教育的显性功能与隐性功能 ………………… 73
　　　　二、养成教育的显性功能与隐性功能 ………………… 73
　　　　三、素质整合教育的显性功能与隐性功能 …………… 74
　　第四节　教育的政治、经济、文化功能 ………………… 74
　　　　一、教育的政治功能 …………………………………… 75
　　　　二、教育的经济功能 …………………………………… 75
　　　　三、教育的文化功能 …………………………………… 78
　　第五节　教育的维持、适应、建构功能 ………………… 82
　　　　一、教育的维持功能 …………………………………… 83
　　　　二、教育的适应功能 …………………………………… 84
　　　　三、教育的建构功能 …………………………………… 84

第四章　教育功能的内生与外生过程 ………………………… 86
　　第一节　教育功能的内生过程 …………………………… 87
　　　　一、教育功能内生过程中的要素 ……………………… 87
　　　　二、教育功能内生过程中的基本规律 ………………… 96
　　　　三、教育功能内生的内在动力 ………………………… 102
　　第二节　教育功能的外生过程 …………………………… 107
　　　　一、教育功能外生过程中的要素 ……………………… 108
　　　　二、教育功能外生过程中的基本规律 ………………… 116
　　　　三、教育功能外生的动力 ……………………………… 120

第五章　教育功能的优化与协调 ……………………………… 122
　　第一节　教育功能的优化 ………………………………… 122
　　　　一、教育功能内生的优化 ……………………………… 124
　　　　二、教育功能外生的优化 ……………………………… 126
　　　　三、教育的消极功能向积极功能的转化 ……………… 128
　　　　四、教育的隐性功能向显性功能的转化 ……………… 131
　　第二节　教育功能的协调 ………………………………… 134

一、教育的个体功能与社会功能之间的协调 ………… 135
二、教育的经济功能、政治功能、文化功能之间的
协调 …………………………………………………… 139
三、教育的维持功能、适应功能、建构功能之间的
协调 …………………………………………………… 142

第六章 1985年以来中国高等教育功能的优化与协调 ……… 144
第一节 1985年以来中国高等教育体制改革的回顾 …… 144
一、1985年以来中国高等教育体制改革的历史
进程 …………………………………………………… 144
二、1985年以来中国高等教育体制改革的基本
经验 …………………………………………………… 150
第二节 高等教育体制改革的教育功能效应 ……………… 154
一、个体功能与社会功能的优化与协调——大学生
被动学习向主动学习的转化 ……………………… 154
二、经济、政治、文化功能的优化与协调——高等
学校被动面向社会办学向主动面向社会办学的
转化 …………………………………………………… 159
三、维持、适应、建构功能的优化与协调——高等
学校外生动力办学向内生动力办学的转化 …… 165
第三节 当前高等教育功能优化与协调存在的体制性
障碍 …………………………………………………… 172
一、当前高等教育功能优化和协调存在的体制性
障碍之一：高等教育调控的"市场"缺位 …… 172
二、当前高等教育功能优化和协调存在的体制性
障碍之二：高等教育投资主体的"企业"缺位
……………………………………………………… 174
三、当前高等教育功能优化和协调存在的体制性
障碍之三：高等学校自主办学评价、监督的
"裁判"缺位 ………………………………………… 175

3

第四节　几点结论……………………………………… 176
    一、促进教育功能优化和协调的必要性……………… 176
    二、促进教育功能优化和协调的动态性……………… 177
    三、促进教育功能优化和协调的可能性……………… 178

参考文献………………………………………………… 181

第一章 导 论

教育是培养人的服务活动，它起源于分工，是人类文明的标志，并随着人类文明的进步而进步。教育的功能深藏于培养人的服务活动之中和之后，因此它作为"现实"的存在一直为人们所自知，而作为"未来"的存在一直不为人们所自觉。随着人类文明的大踏步向前迈进，教育获得了长足发展，教育功能备受人们关注，教育功能研究在社会科学的多学科领域广泛展开。教育，在作用对象上，具有满足个人存在与发展需要和满足社会存在与发展需要的功能；在作用方向上，具有积极的和消极的功能；在作用形式上，具有显性的和隐性的功能，具有维持社会运行（社会生产和再生产）、适应社会变化、构建社会未来的功能；在作用的社会内容上，具有满足经济、政治、文化等发展需要的社会功能。虽然教育的这些功能人所共知，但是，无论是中国，还是外国，都有重视教育规模、教育质量、教育结构而忽视教育功能优化和教育多功能整合与协调的沉痛教训。在全面建设小康社会的历史新时期，中国确立了坚持用科学发展观统领教育事业的指导思想，确立了优先发展教育的战略地位，致力于实施科教兴国战略，着力推进教育"又好又快发展"。关于教育的"又好又快发展"，主流的理解虽然关注教育适应社会发展和人的发展两个层面的问题，但在社会发展和人的发展制约教育发展这一至关重要的问题上，又将教育置于被动"适应"的地位，使教育在适应社会发展与适应人的发展之间摇摆不定。这显然不利于科教兴国战略的实施，不利于教育又好又快地发展。教育功能的社会学研究就是在这一背景下展开的。

教育功能在社会学意义上可以这样来理解：一定社会对个人发展提出的要求在教育体制、机制、内容、形式等要素中的具体而正确的体现，从而使教育适应社会发展和人的发展，使教育的个人功能与社会功能的统一得以主动实现，使教育的积极功能得以主动发挥，使教育的消极功能得以向教育的积极功能主动转化，使教育的隐性功能得以向显性功能主动转换，使教育的维持、适应、构建功能得以主动协调，使教育的经济、政治、文化等功能得以主动整合。以此为范式，本书研究的目的在于从社会学的角度对教育功能进行系统研究，在简要回答教育有哪些社会功能、教育的社会功能是如何形成的这类问题的同时，着力回答：教育功能的社会学含义是什么？教育功能是如何分化的？教育功能有什么特点？如何评价教育功能？教育功能呈现出怎样的历史进程？教育功能优化的条件和机制是什么？教育多功能整合、协调的条件和机制是什么？

（一）

从社会学意义上讲，教育是促进个人社会化的重要手段。任何个人都是一定社会的个人，个人离不开社会。个人必须学会认识、适应、改造社会，才能维系自身的存在与发展。没有个人的存在与发展，就不会有社会的存在与发展。个人学会认识、适应、改造社会的过程，就是个人实现自身社会化的过程。个人社会化既是个人存在与发展的需要，又是社会存在与发展的需要。教育促进个人社会化，就是教育者按一定社会对个人存在与发展提出的要求来培养人、塑造人的心灵，使教育成为满足个人存在与发展需要的过程，其中包括使教育成为满足个人社会化需要的过程，指导个人学会认识、适应、改造社会。当个人存在与发展同个人社会化有机结合时，教育的个人功能与社会功能就统一起来了，教育满足个人存在与发展需要的功能就同时表现为满足社会存在与发展需要的功能。教育的个人功能与社会功能的统一、教育功能的优化、教育多功能的整合与协调，是教育的本质要求。因此，本书就教育功能系统地展开解释性与探索性相结合的社会学研究，这将有助于我们重新审视和认识教育的本质要求，从而在新的理论基础上坚持用科学发展观统领教育事业，坚持优先发展教育的战略地位，充实和完善科教兴国战略，切实推进教育又好又快地发展。

社会进步离不开人的发展。人的发展跟动物的发展的区别，就在于前者有教育参与其中，后者没有教育参与其中。一个社会之所以要发展教育事业，是因为教育在促进人的发展中发挥着其他事业不可替代的作用。这种作用就是教育所具有的功能。教育促进人的发展首先是促进个体的发展，然后通过促进个体的发展来促进社会进步。社会学是研究社会事实以促进社会进步的科学。如果说，社会进步是社会学的主题，那么，把那些与社会进步相联系的教育功能研究排斥在社会学研究范围之外是无论如何说不过去的。本书的研究就是出于这一考虑。当然，社会学界不乏这样的研究。

在西方社会学者看来，教育功能问题又称教育作用问题，与教育的任务有密切联系。被人们誉为社会学之父的孔德（Auguste Comte，1798—1857年），把教育体系当做联系和组成社会的核心要素，认为教育的任务在于协调社会，教育普及是社会稳定的基础。赫伯特·斯宾塞（Herbert Spencer，1820—1903年）则把教育的任务定格在为个人完满生活作准备并求得个性解放。美国系统社会学的创始人之一沃德（Lester Frank Ward，1841—1913年），从社会学角度系统论述了社会与教育的关系，并正式使用"教育社会学"这一概念。他于1883年出版了《动态社会学》一书，在该书中列有专章讨论教育与社会进步的关系，研究所谓"社会导进"，即研究人类为了影响环境而设计的有目的的行动，强调教育的导进功能，认为教育是改变社会的一个重要方法，由政府推行强迫的普及教育，就能达到改革社会的目的。在现代西方教育史上最有影响的杜威（John Dewey，1859—1952年）倡导学校即社会、教育即生活、教育即经验、教育即改造的教育功能观。教育社会学的创始人之一迪尔凯姆（Emile Durkheim，1858—1917年）将教育当做一种社会事实来研究，认为，所有社会都要有一定程度的专业化分工，教育的功能之一就是为人们适应自己必将面对的某一特定环境而作准备，因此，各种形式的教育都包含一个针对所有儿童的共同的核心，即"教育的功能在于使儿童产生：（1）他所属的社会认为其每个成员不应该不具备的某些身心状况；（2）他所属的特定社群（社会等级、社会阶级、家庭、职业）认为其全体成员必须具备的某些身心状况"。① 他提出,每一个社会要延续下去,都需要其成员的思想、价值准则、规范基本相似。社会也需要专门化,因为社会要维持下去就必须有分工。教育满足社会在这些方面的需要,但是教育在为社会培养一代新人的同时也为社会的长期存在规定了条件。在这一意义上,教育具有维持和发展社会的功能。

这些研究的理论贡献主要是:(1)回答了教育有何功能;(2)把教育功能纳入社会学研究范畴,为教育社会学奠定了理论基础;(3)凸显了教育的社会价值。其缺陷主要在于:(1)很少研究教育功能的形成过程;(2)很少把教育功能研究应用于教育实践。后来西方出现的教育功能主义、教育冲突论、教育解释学三大流派,正是从克服这些缺陷的努力中找到理论创新突破口的。教育功能主义把教育功能形成的解释力放在教育结构上,教育冲突论把教育功能形成的解释力放在影响教育的冲突和矛盾上,而教育解释学则把教育功能研究引向教育微观领域,并对教育具体运作过程作详尽的描述性分析,是教育功能研究与教育实践结合的有益尝试。

教育功能主义主要有美国的帕森斯、特纳(R. Turner)、霍普尔(E. Hopper)、默顿等代表人物,在20世纪70年代之前居于教育社会学的主导地位,注重从教育结构上考察教育功能,强调教育的社会选拔功能和促进个体社会化的功能,重视教育的技术功能,注重教育的积极功能。② 其主要观点是:(1)社会是一个系统,也是一个人与人之间关系的相对稳定模式,这些模式由价值观和规范进行调节。(2)社会形成社会结构,包括各种社会制度,如教育制度、经济制度及两者之间的关系;社会组织或行为的各种模式,如学校校长的行为模式;各种社会角色的分配,如教师与学生的社会角色。在社会结构中每一部门都有其功能,起着维持社会整体生存的作用。(3)强调教育的社会选拔功能,社会通过不同性

---

① 张人杰、王卫东:《20世纪教育学名家名著》,广州:广东高等教育出版社,2003年版,第9页。

② 袁方:《社会学百科辞典》,北京:中国广播电视出版社,1990,第426页。

质和程度的教育，将受教育者分配于社会结构的相应部分中。强调教育的社会化功能，通过教育使受教育者成为适应现存社会的成员。（4）重视教育的技术功能，提出教育制度要不断致力于培养大批训练有素的技术人员与专家。（5）强调教育与社会之间的和谐，强调教育的积极功能，重视"静态"教育的整体结构。冲突论派后来批评教育功能主义忽视教育与社会之间的矛盾和冲突，忽视教育的消极功能，忽视"动态"教育的具体内容。

另外，帕森斯指出，社会公平的实质是社会整合问题，而作为社会公平的教育公平对于现代社会具有非常重要的意义。教育革命通过职业的分化、深化和制度化而对社会分层和社会公平产生了巨大影响，这种影响既促进了社会整合，又带来了因为职业化及其准入机制等造成的新的不平等问题；它还在价值层面给现代社会带来了一个独特的"通识教育"的问题。即教育的深层问题在于为现代社会提供一种文化认知层面的公共性，这使得现代社会在日益分化和多元化的基础上同时生成一种相应的整合过程和模式。帕森斯还认为，定义"通识教育"的唯一明智的方法就是在允许进步性提升的意义上，积极地参与到他称为"文化传统的普遍性概化过程"当中。①

默顿作为帕森斯的学生和继承者，为功能研究的进一步发展作出了卓越的贡献。他提出了正向与负向、显性与隐性两对重要的功能概念，前者以对系统产生影响的性质是"贡献性的"还是"损害性的"来区分；后者则以其功能是否为人们所预料为区分标准。② 这样的区分后来被广泛应用于教育功能研究。

教育冲突论学派主要包括鲍尔斯和金蒂斯的"新马克思主义冲突论"、柯林斯的"新韦伯主义冲突论"、华勒的"教学社会

---

① Talcott Parsons. The School Class as a Social System: Some of Its Function in American Society. Robert R. Bell, Holger R. Stub. The Sociology of Education: a Sourcebook. The Dorse Press, 1968.

② R. K. Merton. Manifest and Latent Functions. Social Theory and Structure, The Free Press, 1957.

学"、伯恩斯坦的语言代码论、布迪厄的文化资本符号论等理论派别。该派以冲突、矛盾、变迁为核心概念来分析教育功能,强调统治集团对教育的控制作用,注重学校的复制功能。

教育冲突论学派并不是一个紧密的学术阵营,所以各家的看法也不尽相同。有专家根据理论来源的不同,大体上将其分为三派:(1)鲍尔斯、金蒂斯的"新马克思主义冲突论"。他们在1976年合著的《资本主义美国的学校教育》中运用冲突论对资本主义教育制度进行了无情的解剖和批判。该书在欧美学术界引起了极大的震动,堪称教育社会学的经典文献之一。(2)柯林斯的"新韦伯主义冲突论"。柯林斯试图将迪尔凯姆的功能分析、马克思的阶级斗争学说融入韦伯有关社会分层的体系之中,以构成"新韦伯主义冲突论",来阐释教育与职业地位的关系。(3)华勒的"教学社会学"。美国社会学家华勒以冲突论对学校内部社会关系进行剖析,出版了著名的《教学社会学》。

教育解释学派的代表人物主要有英国的 M. F. D. 杨、巴兹尔·伯恩斯坦、哈格里夫斯等,主要包括知识社会学、符号互动论、本土方法论等理论派别,注重研究微观教育问题,强调学校通过能力分班、课程分化等运作方式,起着划分学生类别、进行文化复制、维持和扩大阶层差别的作用。解释学派认为功能论、冲突论局限于对学校教育客观的分析,没有对学校的日常运作的具体过程,特别是对课堂的实际活动进行剖析,因而无助于日常教学质量的提高。解释学派的学校功能论认为:(1)学校为儿童社会化创造了一个特殊的情境,教师与学生二者通过在不同情境中的师生互动和生生互动而寻求各自的角色界定,并实现各自的角色目标。(2)学校通过能力分班、课程分化等运作方式,起着划分学生类别、进行文化复制、维持和扩大阶层差别的作用。解释学派推崇质的研究,以参与观察、访谈等人类学方法为主进行细致、周密的实地调查,最后形成在"质的层面上"对具体运作过程的详尽的描述性分析。由于处于发展中状态,解释学派对一些基本命题的研究尚未有明确定论。

总之,西方教育社会学三大流派关于教育功能的观点,集中反映了当代西方教育功能社会学研究的新成就、新进展、新动向,从多角度分析了教育功能的形成过程,把教育功能研究从宏观层面引向微观层面,使教育功能研究呈现出百花齐放的局面。近十几年来,西方教育功能研究在以前多学派的基础上呈现出综合趋势,例如,后现代主义、后结构主义教育社会学者就强调以西方社会制度为基础来系统分析教育的功能。这种综合反映了当代西方教育社会学三大流派关于教育功能观点的局限性和狭隘性,但是,它并没有摆脱这种局限性和狭隘性的束缚,因为,忽视教育功能内部失调问题研究的不仅有教育功能主义、教育冲突论、教育解释学三大流派,还有后现代主义、后结构主义的教育社会学者。

(二)

国内社会学者对教育功能的研究可分为三个阶段:(1)从阶级斗争工具功能分析到生产斗争工具功能分析的阶段(1978—1983年);(2)从工具功能分析到本体功能分析的阶段(1984—1989年);(3)从本体功能分析到多功能分析的阶段(1990年至今)。这些研究成果主要讨论了教育功能的概念、种类、形成过程、发挥等问题。

从内容上看,中国学者主要争论的焦点是教育究竟是满足社会的需要还是满足个人的需要。对前一种观点的坚持形成了"社会本位论",对后一种观点的坚持形成了"个体本位论"。有的学者提出了另外一条路线,形成了将"社会本位"与"个体本位"相统一的"结合论"。中国教育理论界在1987年以后形成的关于教育基本功能的争论主要在这三者之间进行。①

"社会本位论"强调教育的基本功能以满足整个社会的需要为要旨,教育必须为国家的政治、经济服务,教育要按社会的需求把人培养成为特定规格和质量的人。一般说来,"社会本位论"也不否认教育对人的发展的作用,但强调个人是构成社会的基本单位,人总是社会的、现实的人,人是自然属性和社会属性的统一,而后

---

① 张德祥、周润智:《高等教育社会学》,北京:高等教育出版社,2002年版,第27页。

者是主要方面，人的发展是社会发展的有机组成部分，教育促进社会发展的功能实际包含了教育促进人的发展的功能。

"个体本位论"认为教育的基本功能应以满足个体的需要为要旨，强调教育对于发现人的价值、开发人的潜能和发展个性方面的作用。"个体本位论"一向也不否认教育对促进社会发展的作用，但是它更强调人是教育的出发点和归宿，人的全面发展和提升是教育的终极目标所在。

"结合论"强调教育要为一定的政治、经济服务，认为不能否认教育在政治、经济发展过程中的工具特征，这是由教育发展的现实规律决定的。但"结合论"同时强调，人的全面、自由发展是教育追求的崇高目标，也是人类社会发展追求的崇高目标。教育既应该满足社会发展的需要，也应该满足人的发展的需要，应该把教育促进社会发展的功能与促进人的身心发展的功能辩证地统一起来。

这些研究对于人们认识、把握和运用教育规律起到了促进作用：（1）丰富了对教育促进社会发展功能的认识，人们不但关注教育的政治功能和经济功能，也开始关注教育的文化功能；（2）反思了以往教育忽视学生主观、压抑学生个性的倾向，论述了教育在促进人的身心发展方面的生存功能和教化功能；（3）进一步论述了教育两大基本功能之间的内在联系，努力探寻二者相互依托、相互促进的教育模式；（4）对以往教育基本功能发挥作用的历史进行了全面、深刻的检讨与反思，对新的历史条件下如何正确发挥教育的基本功能进行了探讨。但是，"理论的疲惫"使得对教育基本功能的争论并未进一步深入下去，尤其是从21世纪教育普遍担负的使命来看，对教育基本功能的认识还需要不断地深化。例如，人们对教育功能的认识还存在着孤立化、片面化倾向，这主要体现在大多数学者都是偏执一端或在狭隘的范畴内论及教育的功能。例如，在强调教育对于政治领域的功能时（即教育的政治功能），便忽视了教育对于经济领域的功能（即教育的经济功能）；在强调教育对于经济领域的功能时又忽视了教育对于文化领域的功能（即教育的文化功能）。总地来讲，我们目前对教育功能的认识还缺少全面而深刻的分析。另外还存在着研究形式化、应然与实然相割裂的倾向。探明了教育功能的整体特征并不意味着教育的整体功能就会对社会和人的发展发挥巨大的作用，也并不意味着原有的种种错误认识就会自然消解。中外教育发展的历史表明，教育的基本功能并不是始终都能够得以正常发挥的，由于各种原因，会出现诸如"功能失调"、"功能弱化"或"功能障碍"等病理现象。中国目前的各级、各类教育，之所以质量不高、办学效率低，而且师生之间、管理者与教师之间时常发生过激的矛盾和冲突，大多与这些病症有关。这要求我们应该对教育功能的形成和发挥作用的条件、途径作进一步的研究，探讨功能协调和优化的途径，功能增强的条件，等等。

总之，近几年来的研究"突破了前期的规范性的、带有价值预设计的'正向功能论'，以及停留在浅表层次的对教育功能的无逻辑的静态描述，进而深入到对负向功能的事实存在和教育功能的运行机制进行逻辑和事实研究"。① 但是，国内教育界对教育的个体功能或"育人功能"与教育的社会功能的关系的讨论结果的主要观点是"教育的育人功能是根本功能，教育的社会功能是教育的育人功能的延伸和转化"，② 这种区分虽然触及教育功能形成的事实表层，可谓教育功能社会学研究的新突破，但仍然没有揭示出教育功能形成的合理内核。问题在于这方面的研究成果对一些至关重要的问题退避三舍，这些问题主要有：在教育过程中，教育的个体功能与教育的社会功能能否区分开来？能否统一起来？如果教育的社会功能是由个人功能派生和转化而来的，那么，这种派生和转化的机制是什么？条件又是什么？要揭示出教育功能形成的合理内核，就不能回避这些问题。从某种意义上讲，正是这种研究上的缺陷，使得有关教育的个体功能与教育的社会功能的矛盾与协调，以

---

① 李长伟、杨昌勇：《20世纪我国大陆教育社会学的回顾》，载《河北师范大学学报（教育科学版）》，2003年第3期，第46页。
② 吴康宁：《教育的社会功能新论》，载《高等教育研究》，1996年第3期，第30页。

及在此基础上出现的有关教育的积极功能与消极功能的矛盾与协调，有关教育的消极功能向积极功能的转化，有关教育的隐性功能向显性功能的转换，有关教育的经济功能、政治功能、文化功能的矛盾与协调，有关教育的维持功能、适应功能与建构功能的矛盾与协调等问题，在笔者目力所及的研究成果内，都尚未作出明确的回答。这也正是本书要解决的主要问题。

但是，时代的发展和社会的变革会使教育产生新的矛盾，教育功能的社会学研究也必须解释这些新矛盾是如何影响教育功能的优化与协调的。当前，中国教育功能的优化与协调面临着以下三个新矛盾。

第一，教育快速发展与个体发展失调的矛盾。改革开放以来，中国教育持续快速发展。到2007年年底，"两基"（基本普及九年义务教育、基本扫除青壮年文盲）人口覆盖率达到99%，小学学龄儿童净入学率达到99.49%，高等教育毛入学率达到23%。① 特别是2008年九年义务教育免收学费、杂费政策的全面推行，中职生、大学生、研究生奖、免、贷、助、补等全方位学生资助政策的全面实行，让广大群众子女上学真正享受到了实惠。中国教育已经进入了崭新的发展阶段。

但是，教育的快速发展，并没有像人们所期盼的那样，能够快速提高个体发展质量。相反，在教育快速发展的同时，人们的精神生活质量并没有像人们所期盼的那样获得快速提高；在受教育年限延长的同时，个体社会化质量并没有像人们所期盼的那样获得快速提高。理想主义与现实主义范畴内各自构筑起来的价值、思想、思维与行为方式等之间产生了全面冲突。这种冲突的产生离不开特有的宏观背景。

改革开放使中国主动进入到全球现代化的轨道中，中国人再次面对类似于近代中国的中西之间的冲突、传统与现代之间的冲突等问题。经济体制转型，的确使中国增强了发展的动力与活力，加快

---

① 中华人民共和国教育部官方网站：2007年全国教育事业发展统计公报。

了发展速度，然而，由于种种原因，市场经济的负面影响并没有像人们所期盼的那样得到有效控制。制度不健全导致教育无序竞争愈演愈烈。无序竞争制度性放大的直接后果，是社会不公的泛滥。于是，人们不得不经受那种追求功利、竞争肆虐、物欲横流、心浮气躁的社会寒流，不得不把物质财富、技术力量、科技知识作为追逐的首要目标。主体性张扬和功利追求随之普泛化，竞争随之加剧，观念随之多元化，稳定感随之滑落。于是，人们普遍感到焦虑、不安、压抑、苦闷。各种个人的现代社会失范行为，诸如抑郁、酗酒、吸毒、卖淫、自杀、斗殴、精神异常等，频频发生。尤其是生活于其中的当代青少年必然会直接或间接、有形或无形地受到各种现代社会失范行为的影响，他们或通过影视和媒体，或通过父母的言传身教，或通过亲身体验，感受着纷繁复杂的现代社会，经受着现代社会失范行为的强烈冲击。成人社会对物质生活的过分追求，教育的功利性，等等，都在侵蚀着青少年学生的灵魂，以致他们中的一些人对物质生活享受的关注更甚于生命本身，一部分青少年在受教育年限延长的同时却面临着精神上的无家可归，个体发展显然出现了失调，教育的快速发展与个体社会化方向感的缺失之间，显然发生了冲突，个体与社会之间显然变得更加不适应、不协调。面对现代社会的种种困境，人们往往寄希望于教育的作用。随着学校日益成为教育的"主阵地"，学校教育影响力的有限性与社会影响复杂性之间的冲突与矛盾渐次扩展。"独子社会"的全面形成，不仅在全社会范围内形成了新一轮超强的"重教"氛围，而且还在不断强化着社会的教育期望、教育需求与学校教育功能之间的矛盾与冲突。

另外，科学技术的迅猛发展既创造了教育发展的条件和机遇，又带来了教育改革的压力和挑战。尽管中国也在不断地进行教育改革，使教育机构和方法现代化，希望使尽可能多的"学习者"掌握尽可能高水平的知识，获得崭新的进步，但是人们同样意识到了这样的事实：科学发明和科学革新每向前推进一步，社会的教育期望、教育需求也就向更高阶梯迈进一步，教育功能也就向更高境地和更复杂程度迈进一步,在教育功能旧格局中达到这个目标的前景也就变得愈益遥远了。① 比如,由于"知识爆炸",专业知识过时的速度几乎和人类学习专业知识的速度一样快,大多数专业需要不断学习和培训,就业市场与职业技能的快速发展,要求每一名员工都重新接受职业教育。在任何一个特定时刻,都会有很大一部分劳动力在重新接受职业培训。② 没有接受再教育和培训的,几乎就可能成为新的"文盲"。信息技术的迅猛发展和经济社会发展的全球化,使得计算机的使用以及英语等国际通用语言也变得更加重要起来,不懂计算机和第二门语言的人,被称为"数字文盲"和"语言文盲"。

在此背景下,反思教育功能是完全必要的和极为重要的。实际上,教育快速发展与个体发展失调的矛盾,暗含着新时期中国教育功能的失调。教育功能是教育与经济、政治、文化等方面互动的结果,也是个体与社会之间互动、教育与个体社会化之间互动的结果。因此,随着改革开放的不断深化,面对教育快速发展与个体发展失调的矛盾,要办人们满意的教育,需要在对教育与经济、政治、文化等方面之间关系变化,个体与社会之间关系变化,教育与个体社会化之间关系变化的新格局进行综合分析的基础上,重新反思中国教育的功能理论与实践。

第二,建设社会主义和谐社会与教育公平失落的矛盾。建设社会主义和谐社会,是我们党从中国特色社会主义事业总体布局和全面建设小康社会全局出发提出的重大战略任务,反映了建设富强、民主、文明、和谐的社会主义现代化国家的内在要求,体现了全党、全国各族人民的共同愿望。公平正义是和谐社会的总目标之一,教育公平是社会公平的基础和前提,是实现社会公平的重要

---

① 联合国教科文组织国际教育发展委员会:《学会生存——教育世界的今天和明天》,北京:教育科学出版社,2003年版,第2页。
② 转引自《未来学家》(美国),载《参考消息》,2008年11/12月号题:2009年展望。

工具。

当前，中国存在义务教育发展失衡、教育收费失范、大学毕业生就业难和起薪低等教育公平失落问题。义务教育发展失衡危及义务教育公平。教育收费失范危及学校和教师在人们心目中的崇高地位，损害人民群众的利益，扭曲教育服务的价格信号，有损教育机会竞争的公平、公正，不利于教育的健康发展。大学毕业生就业难和起薪低不仅损害教育公平，而且注释着新的"读书无用论"，动摇了教育公平作为社会公平的基础地位。建设社会主义和谐社会，要求不断增进教育公平，而教育公平的失落不符合建设社会主义和谐社会的目标和要求，因此，目前中国存在建设社会主义和谐社会与教育公平失落问题的矛盾与冲突。

在中国，教育公平对于社会公平的重要意义还有待进一步提高认识。对个人来说，在现代社会利益存在若干分配路径（如继承获得、意外获得、受教育获得等并存）的情况下，通过继承来获得较高社会等级是不易改变的，经济、政治、社会地位事实上的不平等就必然存在，不同的人在获取社会利益时的地位就有所差异。于是，在"知识改变命运"的愿景下，更多的学生和家长企图通过教育改变这种不平等，教育也因此与更多的社会责任挂钩，并被视作维护社会稳定、给予民众安全感的社会安全阀门。然而，由于大学毕业生就业难和起薪低现象的不断扩散，"知识不一定能够改变命运"的社会事实和新的"读书无用论"，正在影响着农村贫寒家庭学生的教育选择，同时引发了"教育究竟能否促进社会公平"的疑问。从宏观上看，人们往往也只是从政策层面上关注教育系统内部是否公平，比如人们对城乡、区域教育发展差距较大，教育机会不均等，教育质量悬殊，片面追求升学率等弊病大多非常关注，而没有追究为什么要实现教育公平，怎样才能达到教育系统内部的相对公平和外部的相对公平。事实上，教育公平状况一方面反映了对其发生作用的外部社会的价值观和发展模式，另一方面通过自己对社会资源的调配作用而对外部社会产生积极或者消极的影响。

因此，面对建设社会主义和谐社会与教育公平失落问题的矛盾与冲突,我们需要在反思教育功能理论与实践的基础上,构建教育功能社会学新理论,开展教育功能社会学新实践,充分发挥教育的积极功能,抑制教育的消极功能,优化教育的社会功能,推进教育多功能的整合与协调。只有这样,中国才能与时俱进地增进教育公平,发挥教育在促进社会公平和社会主义和谐社会建设中的作用。

第三,实现教育又好又快发展要求进一步反思教育功能。在舒尔茨等人发现教育对经济发展的巨大功能、提出人力资本理论之后,人们曾乐观地认为,对正规教育的巨大投资不仅可以使各国在物质上得到发展,而且可以促进教育机会均等和社会公平。因此,很多国家大规模地扩充学校和学院。但是,经过一段时间的实践之后,特别是联合国教科文组织和世界银行在非洲等地的教育经济学调查研究之后,人们发现,过去的教育投资不仅没有带来预期的收益,反而因为教育规模的盲目扩张而带来了许多新的社会问题,如大学毕业生失业、文凭贬值、无序就业竞争愈演愈烈,等等,这无疑对人们兴办教育的热情泼了一桶凉水。而且,20世纪70年代以后,在一些教育发达国家,由于教育普遍存在效益差、效率低、教学质量低、学生成绩差、纪律松弛等现象;教育遭到了越来越多的批评。在中国,自高等学校扩招以来,教育遭到这样的批评也越来越多。于是,人们对先前人力资本理论关于教育快速发展必然导致教育机会均等和社会公平的理论假设产生了疑问,由此,人们对先前教育社会学确立的教育与社会的关系的基本假设也产生了疑问。随后又有人指出,学校教育完成的只是"教学",而不是"教育"。更有甚者,一些激进的冲突论者认为,学校只是对已经存在的地位、身份等的不平等的一种复制,应该对其进行彻底的改革。此间,不仅教育的外部关系遭到质疑,教育的内部任务和手段也遭到怀疑,世界教育一时在内外交困中举步维艰。在中国,教育不仅因为受西方思想和潮流的影响而被质疑其对人的发展和社会发展的作用,而且因为教育发展不平衡、教育竞争无序、优质教育资源匮乏等,而在教育功能上遭到人们的指责和抱怨,有过激者甚至建议取消学校教育而复兴历史上的"私塾"。

党的"十七大"确立了实现教育又好又快发展的奋斗目标。解决中国现阶段教育发展存在的一系列问题，是实现这一目标的关键。中国现阶段教育发展存在的一系列问题，在很大程度上与教育功能的失调相联系。因此，面对教育发展的各种问题、矛盾与冲突，我们必须通过教育功能的调整来不断推进教育改革。事实上，每一次教育改革，都是教育功能的一次调整。为了实现教育的又好又快发展，我们必须从社会学的角度，反思教育的功能，加强教育功能的社会学研究，构建教育功能的社会学新理论，为开展教育功能的社会学新实践提供理论依据。

（三）

本书至少在两个方面对过去学术界关于教育功能的社会学研究有所补充。第一，揭示教育功能内生和外生过程的基本规律。教育功能内生和外生过程的基本规律是教育功能内生和外生各要素之间的内在联系。这种内在联系在教育功能内生过程中是社会期待向教育文本的转化，是社会期待通过教育文本向教育行动的转化，是社会期待通过教育行动向学生身心发展的转化。这种内在联系在教育功能外生过程中是反映社会期待的毕业生身心发展通过毕业生就业向认识和改造社会的力量的转化，是反映毕业生身心发展状态的教育信号向人力资源配置机制的转化。因此，教育功能内生的优化和协调暗含着教育文本、教育行动和学生身心发展与社会期待的统一，是对社会期待全面正确的反映，暗含着教育的消极功能向积极功能的转化，教育的隐性功能向显性功能的转化；而教育功能外化的优化和协调暗含着毕业生就业的充分合理，人力资源配置的合理，教育信号的真实、可靠及其传递的畅通。第二，拓展教育社会学研究新领域。在借鉴和吸收国外教育行动—结构理论、结构功能理论、互动理论、个体社会化理论和建构理论的基础上，参考和吸收国内社会学研究新成果，从回答教育功能是什么、有哪些、如何分类、受哪些条件的制约等问题扩展到回答教育功能内生和外生的关系是什么、教育功能内生和外生过程的规律是什么、教育功能优化和协调的机制和条件是什么等问题，提出教育功能社会学研究的新框架。本书力图用假设导入法来进行教育功能的社会学研究。

在本书中，对教育功能优化和协调的研究是以一定社会对人的发展提出的要求即对教育的社会期待（简称"社会期待"）为逻辑起点的。这种社会期待具有历史必然性和客观性，研究教育功能优化和协调的社会学理论假设就是社会期待的客观必然性。因此，与过去提出假设并验证假设的社会学研究特别是教育社会学研究的方法不同，本书的社会学研究方法在于将一切教育事实和教育理想置于这一理论假设的限制之下。进而从逻辑和事实两个方面去说明关于教育的权威性、规范性、系统性文字说明的教育文本，如有关教育的方针、政策、法律法规、体制、结构、内容、课程、组织形式、实施方式等的文字说明。教育行动和学生身心发展，是如何反映社会期待的，这种反映的全面性、正确性决定了教育功能的优化和协调。这是在教育过程中完成的，这个过程就是社会期待内化成学生身心发展的过程，于是，教育功能的内生过程及其规律也就在这一逻辑的指引下呼之欲出了。人不是为受教育而受教育。人的身心发展过程作为人的社会化过程，表明了人实现自身的发展的目的，在于使自己成为对社会有用和有所贡献的人，而这要通过就业来实现。反映毕业生身心发展状态的教育信号，在毕业生就业中发挥了作用。这种作用使教育信号成为人力资源配置机制。于是，毕业生就业的充分性和合理性，教育信号的真实性、可靠性及其传递的畅通性，就决定了毕业生对社会所作的贡献。这是在教育过程之外完成的，这个过程是把毕业生身心发展外化成认识和改造社会的力量的过程，是将教育信号外化为人力资源配置机制的过程。这样，教育功能的外生过程及其规律也就在这一逻辑的指引下呼之欲出了。这一方法的演绎过程就是：理论假设条件限制→符合条件限制的逻辑和事实→规律的揭示或理论的提出→验证规律或理论→规律或理论的应用。笔者把这一方法叫做社会学研究的假设导入法，而传统的社会学研究法属于假设验证法。因此，本书的这一理论假设和研究方法不是主观的臆想，而是理性的回归。

本书关于教育功能社会学研究的理论假设是：教育方针、政策、法律法规、体制、结构、内容、课程、组织形式、实施方式等教育文本和教育事实是对一定社会向人的发展提出的要求的正确反映和体现。我们知道，教育功能深藏于培养人的服务活动之中和之后，它作为"现实"的存在一直为人们所自知，而作为"未来"的存在一直不为人们所自觉。本书将从社会学的角度对教育功能进行系统研究，在简要回答教育有哪些社会功能的同时，着力回答教育功能的社会学含义是什么、教育功能是如何形成的、教育功能优化和协调的条件和机制是什么这些重要社会学问题。本书认为，这一理论假设一旦在实践中得到满足，那么，教育的个体功能与社会功能就能实现统一，从而有利于实现教育的消极功能向积极功能的转化，有利于教育的隐性功能向显性功能的转换，有利于教育的经济、政治、文化等功能的协调，有利于教育的维持、适应、构建功能的协调。对于教育社会学而言，本书的这些观点和思路是新视角。本书提出并系统回答教育的个体功能与社会功能的统一问题，教育多功能的优化和协调问题，对于教育功能研究而言，这种角度也是比较新的。对于学科建设而言，本书的这些研究是建立中国教育功能社会学的有益尝试。

　　本书第一章主要阐述教育功能的基本概念和教育功能研究的社会学理论。教育功能是教育社会学研究的重要内容，教育社会学家曾就教育功能的特点、类型、发生和发展的规律，进行过系统研究，奠定了教育功能社会学研究的理论基础。第二章是本书构建教育功能社会学理论框架的逻辑起点。该章对教育功能进行了分类研究，笔者认为，在作用对象上，教育具有满足个人存在与发展需要和满足社会存在与发展需要的功能；在作用方向上，教育具有积极的和消极的功能；在作用形式上，教育具有显性的和隐性的功能，具有维持社会运行（社会生产和再生产）、适应社会变革、构建社会未来的功能；在作用的社会内容上，教育具有满足经济、政治、文化等发展需要的社会功能。第三章阐述教育功能的内生与外生过程。教育功能的内生过程是以社会期待为起点、以学生身心发展为终点的，而教育功能的外生过程则是以反映社会期待的毕业生身心发展为起点、以毕业生认识和改造社会的能量的转化和教育配置人力资源的能量的转化为终点的。从这个意义上讲，教育将社会期待转化为教育文本、教育行动和学生身心发展的过程，是教育功能的内生过程；而教育将反映社会期待的毕业生身心发展转化为认识与改造社会的力量的过程，将反映毕业生身心发展状态的教育信号转化为人力资源配置机制的过程，是教育功能的外生过程。其中最为关键的理解是：在教育过程中，社会期待内化成学生个体的身心发展，使学生个体的身心发展符合社会的要求，从而实现了教育的个体功能与社会功能的统一。在社会运行中，反映社会期待的毕业生个体身心发展外化成认识和改造社会的力量，同时以教育信号的形式外化成人力资源配置机制，从而同样实现了教育的个体功能与社会功能的统一。第四章论述教育功能的优化与协调。如果教育体制、机制、内容、形式、活动、行为等教育文本和教育事实，能全面正确地反映社会期待，那么，教育的个体功能与社会功能就得以优化，从而有利于实现消极功能向积极功能的转化，有利于实现隐性功能向显性功能的转换，有利于实现经济、政治、文化功能的协调，有利于实现维持、适应、建构功能的协调。第五章以1985年以来中国高等教育体制改革为例，对高等教育功能的优化与协调进行实践分析，借以验证前面理论分析的可靠性。1985年以来，中国高等教育体制改革的重大进展是：增强了大学生学习的主体意识；扩大了高等学校办学的自主权；推进了高等学校办学形式的多样化。基本经验是：坚持有步骤地扩大高等学校办学自主权，坚持有力地调动师生积极性，坚持有条不紊促发展、调结构、提质量、求公平。教育功能产生的效应主要表现在：推动了大学生由被动学习向主动学习的转化，从而促进了高等教育个体功能与社会功能的优化和相互协调；推动了高等学校由被动面向社会办学向主动面向社会办学的转化，从而促进了高等教育经济、政治、文化功能的优化与协调；推动了高等学校由外生动力办学向内生动力办学的转化，从而促进了高等教育维持、适应、建构功能的优化和协调。

　　本书运用社会学理论与方法先对教育功能进行分类分析，再进行教育功能的内生与外生过程分析，然后是教育功能内生的优化和协调分析，以及教育功能外生的优化和协调分析，最后进行教育功能优化和协调的实践分析。在教育功能的分类分析中，依据不同的标准，本书把教育功能分为教育的个体功能与社会功能、积极功能与消极功能、隐性功能与显性功能，在此基础上再把教育的社会功能分为经济、政治与文化功能，维持、适应与建构功能。在对教育功能的内生与外生过程的分析中，把教育过程理解为一定社会要求转化成个体和社会生存与发展的需要和现实的过程，理解为教育功能的形成过程；把教育过程之外的个体和社会生存与发展的需要和现实转化成认识与改造社会的力量，理解为教育功能的外生过程，其中最为关键的理解是：一定社会要求转化成个体和生存与发展的需要，同时表现为一定社会要求转化成社会生存与发展的需要，由此形成的教育功能实现了教育的个体功能与社会功能的统一。在对教育功能内生的优化和协调的分析中，有个体功能与社会功能的优化和协调，消极功能向积极功能的转化，隐性功能向显性功能的转换，经济、政治、文化功能的协调，维持、适应、建构功能的协调；优化与协调的条件包括制定体现一定社会要求的教育方针、目的、政策、内容等，以及教育过程将一定社会要求转化成个体生存与发展的需要和现实。在教育功能外生的优化和协调分析中，只提出两条路径：一是充分就业；二是充分调动劳动者的劳动积极性，优化和协调的条件由社会给出，属于社会学研究范畴，对此本书不再赘述。在最后的教育功能优化和协调的实践分析中，本书以1985年以来中国高等教育体制改革为例，阐述了1985年以来中国高等教育体制改革的主要突破和教育功能效应，解析了当前制约中国高等教育功能优化和协调的体制性障碍。

　　本书研究思路可用图1-1来概括。

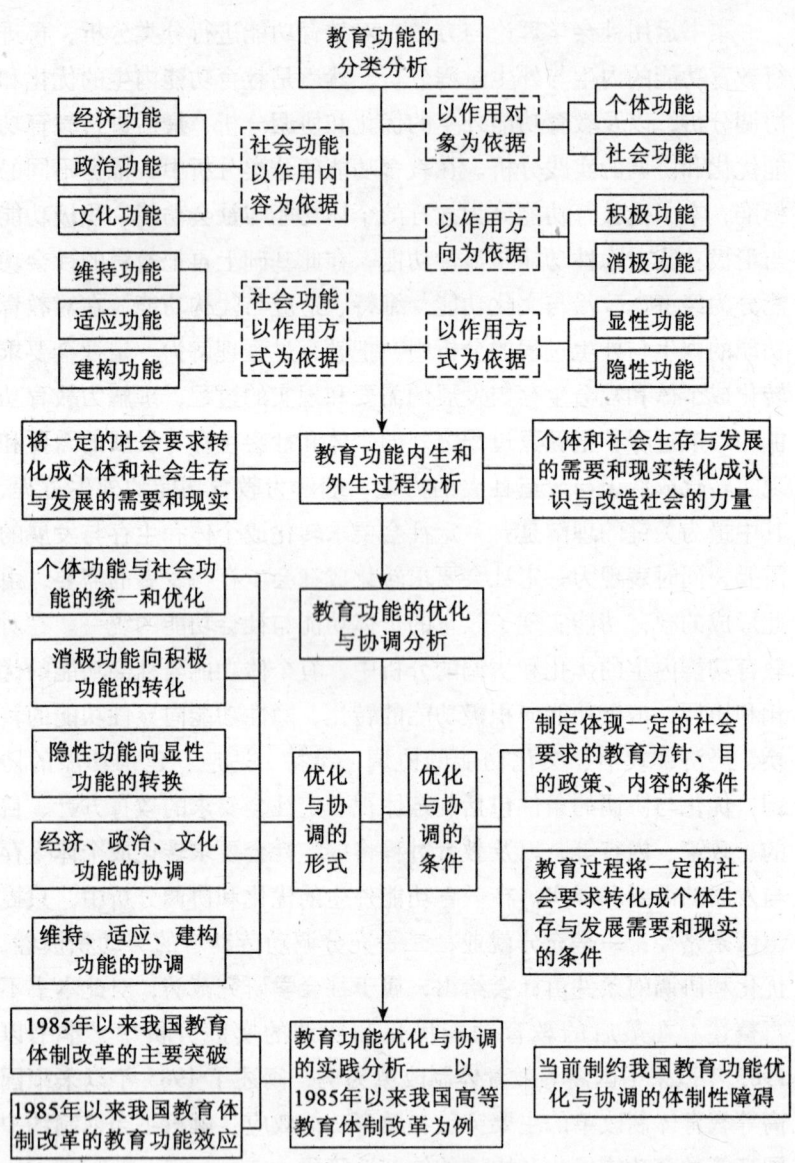

图 1-1 本书的研究思路

第二章 教育功能研究的社会学基础

对教育功能进行社会学研究，首先需要创建教育功能基本概念的社会学理念，然后需要借鉴有关社会学范式来创建教育功能的社会学理论。无论前者还是后者，都有值得追溯的历史渊源，同时也有颇具争议的历史考证，因此，构建教育功能研究的社会学基础也就颇具挑战性。

第一节 基本概念的社会学解读

教育功能的基本概念主要包括教育内涵、教育历程、教育特征和教育功能等。这些基本概念都被进行过教育学解读，本节将以此为基础来对其作社会学解读。

一、教育内涵的社会学解读

"教育"一词，在中国最早出现于甲骨文，"教"表示成人手拿棍棒或鞭子督促孩子学习，"育"表示妇女养育孩子。在先秦，"教"与"育"两字很少连用。《中庸》指出："天命之谓性，率性之谓道，修道之谓教。"荀子说："以善先人者谓之教。"《说文解字》指出："教也者，上所施，下所效也。""育，养子使做善也。"现在公认为在《孟子》"得天下英才而教育之，三乐也"这句话中出现"教""育"两字的连用是中国文献最早关于"教育"的记载。但是，它的真正含义不等同于现代意义的教育。中国从"废科举，兴学校"，将"学部"改为"教育部"之后，教育一词就取代传统的"教"与"学"而成为中国教育学的一种基本概念。①

---

① 十二院校编：《教育学基础》，北京：教育科学出版社，2002年版，第3页。

在西方各民族的语言中,"教育"一词源于拉丁文"educare"。在英语中,"教育"是"education";在法语中,"教育"是"éducation";在德语中,"教育"是"erziehung"。这三个词都源于"educare",从"educěre"转换而来,"educěre"是由前缀"e"与词根"ducěre"合成的。故西方语言中的"教育",意指采用一定的手段,把某种人本来有的东西牵引出来,从一种潜质变成现实,即将可能转变为现实。现代意义上的"教育"是中西"教育"传统上的扩充和周延。

关于教育的定义,中外的教育家、思想家和一些人士都有自己的"语录"。《大学》首章云:"大学之道,在明明德,在亲民,在止于至善。"鲁迅说:"教育是要立人。"儿童的教育主要是理解、指导和解放。蔡元培说:"教育是帮助被教育的人给他能发展自己的能力,完成他的人格,于人类文化上能尽一分子的责任,不是把被教育的人造成一种特别器具。"陶行知说,教育是依据生活、为了生活的"生活教育",培养有行动能力、思考能力和创造力的人。马克思、恩格斯说,教育是促进"个人的独创的自由发展"。康德说,教育是由个体自我设计、自我选择、自我构建、自我评价的过程,是自我能力的发展,它体现着社会意志和教育者与受教育者平等自由地、审慎严肃地共同探究的机理,不是"指令",不是"替代",更不是让茧子里的幼蝶曲意迎合或违心屈从。蒙台梭利说:"教育就是激发生命,充实生命,协助孩子们用自己的力量生存下去,并帮助他们发展这种精神。"国际21世纪教育委员会向联合国教科文组织提交的教育研究报告说,教育是"保证人人享有他们为充分发挥自己的才能和尽可能牢牢掌握自己的命运而需要的思想、判断、感情和想象方面的自由"。

《中国大百科全书·教育卷》(1985)指出:"从广义上说,凡是增进人们的知识和技能,影响人们的思想品德的活动,都是教育。狭义的教育,主要指学校教育,其涵义是指教育者根据一定社会(或阶级)的要求,有目的、有计划、有组织地对受教育者的身心施加影响,把他们培养成为一定社会(或阶级)所需要的人的活动。"联合国教科文组织《国际教育标准分类》(1976)指出:

"本标准分类所指的'教育'不是广义的一切教育活动，而是认为教育是有组织地和持续不断地传授知识的工作。"其中，"传授"是指在两个或两个以上的人之间建立一种转让"知识"的关系。这种传授可能是面对面的也可能是间接的、远距离的；"有组织"的意思是说，有一个组织学习的教育机构和一些聘请来的教师，按一定的模式，有计划地确定目标和课程，有目的地组织传授工作；所谓"持续不断"，意思是说，学习的过程要经常和连续；"知识"是指人的行为、见闻、学识、理解力和态度、技能以及人的能力中任何一种可以长久保持（而并不是先天或遗传产生）的东西。《学会生存——教育世界的今天和明天》一书（1972）指出："教育是有组织地和持续不断地传授知识的工作。"《现代教育学基础》一书（1982）指出："所谓教育，乃是把本是作为自然人而降生的儿童，培育成为社会的一员的工作。"

1997年，联合国教科文组织在修改的《国际教育标准分类》中将教育定义为"能够导致学习的交流活动"。列奥·施皮泽对此作了这样解释：原有定义强调"传授知识"，知识就是目的；新的定义强调"导致学习"。笔者以为，这种变化顺应了社会生活急剧变化，科学知识爆炸性增长，技术发展日新月异的时代特点，是实现终身教育理想的必然要求。从"传授知识"转向"导致学习"，使培养学生"学会学习"成为教育的重要目标。学会学习意味着：首先，需要保护和激发学生的学习积极性，使其具有继续学习乃至终身学习的愿望和热情；其次，要引导学生掌握适合自己的有效的学习方法，帮助学生养成良好的学习习惯；再次，要努力促进学生学习有利于生活和持续学习的文化知识，为后续学习奠定知识基础。教育活动的实质是什么？新的定义强调"交流"，交流是对"传授"中"传"者的决定作用和"受"者的被动地位的反对。交流的特征是互动，目的是互惠。交流使教育现场中的共在主体之间相互作用、相互沟通、相互理解。强调交流，意味着传统的严格意义上的教师的教和学生的学，将不断地让位于师生互教互学，师生共同构成"学习共同体"，在"学习共同体"中，学生心态开放、主体凸显、个性张扬；教师不再只是传授知识，而是一起分享与理解，教育成为其生命活动、专业成长和自我实现的过程。从"有组织、有目的"到"能够导致"，我以为，首先意味着教师作用的转变。传统定义中教师的作用是"直接作用"，好教师往往是在课堂和其他教育现场中控制能力强、表现十分"抢眼"的教师。新的定义更加强调教师的"间接作用"，好教师应该是能够引起学生学习、导致学生学习的教师，这样，教师应该从"抢眼"的主角角色转变成观察者、引导者的角色。其次，从"有组织、有目的"到"能够导致"，还意味着学习的边界不断扩大，除了"有组织、有目的"的正规学习、正式学习，只要能够"导致学习"，其他非正规、非正式的学习也在教育的范畴内，也应该受到关注、重视和发展。

教育以人类个体更新、产生新一代人的独特的社会机制而存在，中国学术界有人认为这种社会机制具有下列特点。

第一，教育是一种人际交往系统。教育作为一种特殊的社会系统，由人与人之间的交往构成。教育作为一种人际交往系统，由交往双方的主体构成。教育系统中，作为交往双方的主体因其任务、地位、作用及规范行为不同，扮演着不同的"角色"，具有不同的职能及称号。这通常称为"师与生"或"教与学"或"教育者与受教育者"。

教育系统中的人际交往方式是多种多样的，有直接的，也有间接的；有具有一定组织形式自觉进行的，也有无一定组织形式自发进行的；有交往双方在同一时间地点进行的，也有在不同时间地点进行的，等等。总之，不能简单理解成为面对面的人际交往，否则就不恰当地缩小了人际交往的内涵。

由于教育是一种人际交往系统，因而教育的本质定义就不能只讲教的一面而不讲学的一面；教育活动不是单方、单向的，而是双方、双向的活动。教育系统中双方的活动必须协调一致，各以对方的活动来调节自身活动，是一种互动关系。这种关系是客观存在的，任何科学的教育理论都必须反映这种关系。

第二，教育系统以经验传递、造就人才为其主要内容。人际交往系统从其内容与职能来说是多种多样的。教育这一人际交往系统同其他的人际交往系统是不同的。教育主要是以经验传递、造就人才，以提高人的素质为主要内容的人际交往系统。

所谓传递，由传授者与接受者双方的协调一致的交往活动构成。教育系统中所传递的经验由人才造就的需求决定。这里所说的人才，是指能适应发展着的人类社会生活的要求，能参与社会生活，承担社会职能，完成社会活动的社会成员。这种社会成员，不仅要有健康的身体，同时要有能适应社会生活所必需的能力与品德。

所谓经验，是在主客体相互作用的过程中，在主体对客体能动反映的基础上所产生的主观产物。教育系统中所传递的经验主要有三种，即知识、技能与规范。知识是认识活动对象的主观产物，属认知经验。它不仅使人知道事物是什么、怎么样与为什么等信息，同时也告诉人们应该做什么与怎么做。因而它是人们活动的定向工具，是活动内在调节机制的构成要素之一，是形成和发展能力所不可缺少的。技能是动作本身的主观产物，属于动作经验。它是动作执行的监控工具，也是活动的内在调节机制的一个构成要素，也是形成和发展能力这一个体心理特征所不可缺少的。规范是社会组织用以调节成员的社会行为的标准、规则或准则，通常也叫做社会规范或行为规范。规范是社会行为的价值标准，是人际交往活动的主观产物，是协调人际交往、维持社会秩序的工具，是人际交往的内在调节机制的核心因素，是形成、发展作为个体心理特性之一的品德的根本因素。

依据能力与品德的类化经验说（冯忠良，1992，1998），作为个体心理特性的能力与品德是通过主体的认知经验知识、动作经验技能与交往经验规范的获得及类化而实现的。因而知识、技能与规范的传递就成为教育系统用以造就人才，使新一代人获得参与社会生活所必需的能力与品德所不可缺少的主要手段。这样，教育系统就成为一种独特的人际交往系统。

第三，教育系统以促进个体社会化、满足社会的延续和发展需求为根本职能。从教育系统的职能方面来说，其根本职能在于促进人类个体的社会化，以满足社会的延续和发展需求。所谓人类个体的社会化,指人由生物实体不断改变为一个能完善适应发展着的社会生活要求的社会实体,从而使个人与社会一体化的过程。人类个体社会化的根本含义在于使人对发展着的社会生活要求能妥善适应,而这种适应是通过能力与品德的形成和发展而实现的。教育系统就是通过知识、技能和规范等经验要素的传递,来促进人的能力与品德的形成和发展,从而促进人类个体社会化。人类个体社会化使新一代人获得了参与社会生活必备的心理素质和心理特性,使人类的更新换代得以实现,为人类社会的延续和发展提供了前提。这样,教育系统就构成人类社会生活不可缺少的一种永恒存在的系统。

  以上是狭义教育即"教学"的内容。此外教育还有"养育"人的任务,即使学生通过发现和创造获得各种直接经验,以完成"养育任务",促使其身心全面协调健康地发展。这一观点,我们称为"广义的教育"。也就是说,广义的教育由"教学"与"养育"组成。

  通过以上关于教育系统的基本特点的考察,就可以对教育给出确定的定义。教育作为一种独特的社会系统的存在,在于它是从人类社会的存在与发展以及人类个体的社会化需要出发,通过社会经验的传递与"养育"来造就人才的一种人际交往系统。从狭义上来说,教育就是造就人才的经验传递系统。对狭义教育本性的这种理解,我们称之为教育的经验传递说[1]。综上所述,本书对教育有如下社会学定义:教育是有组织有目的地引导和优化学习、促进人的社会化和开发人的智慧潜能的社会活动和服务体系。本书认为,1997年联合国教科文组织在《国际教育标准分类》中将教育定义为"教育是能够导致学习的交流活动"的合理成分,在于把教育与学习区分开来。学习是个体的生存方式,学生是主体,学习对象和手段都是客体。教育是对学习的引导和优化,包含着教师主体对学生主体学习的指引、疏导和优化。"引导学习"比"导致学习"更强调教师主体对学生主体作用的主观能动性,然而,"引导学习"如若不伴随着"优化学习"就会在很大程度上失去自身的价

---

[1] 冯忠良等:《教育心理学》,北京:人民教育出版社,2004年版,第23页。

值。由于我们这里所说的教育是指狭义的教育,即有组织有目的地进行的教育,因此,引导和优化学习的组织性和目的性是狭义教育的一个基本特性。那么,"优化学习"达到什么样的境界才是教育所追求的呢?显然,"促进人的社会化和开发人的智慧潜能"是教育所追求的。"优化学习"以"促进人的社会化"为己任,但是,"优化学习"不仅仅在于"促进人的社会化",而且在于"开发人的智慧潜能"。人类进步总是与人的智慧潜能不断被开发出来相联系,教育在"开发人的智慧潜能"方面功不可没。可以说,不"开发人的智慧潜能"的教育是不存在的。不能简单将教育理解为一种活动,它是包括师生交流活动在内的社会体系,这个社会体系有自己的要素、结构、体制、机制,这些要素与师生交流活动相联系,但又在师生交流活动之外存在着。教育这个社会体系的功能特性在于它的服务性,它服务于其他社会体系,它不能自给自足,它以为其他社会体系服务为自己存在和发展的前提。

二、教育历程的社会学解读

由于缺乏有关学校出现之前的教育史料,社会学家对原始教育历史进程的社会学认识多少带有推测的意味。在集体生活中以示范和口授的方式,向儿童传授原始文化,进行那种致力于使个体适应他所处的社会环境和自然环境的广义的教育活动,这也许是对原始教育形态最合乎逻辑的社会学推测。以石器工具谋生使原始部落不得不面对自身生存与延续的巨大考验,儿童被当做原始部落最宝贵的财产,教会他们如何为群体而生存成为集体活动所必须承担的重要任务。尽管原始教育是广义教育历程的必经阶段,但是,本书研究的对象是狭义教育的功能,即学校教育的功能,而原始社会还没有学校教育,因此,对教育历程的社会学解读就只能从学校产生以后的古代教育开始。

教育是社会的产物,社会发展决定着教育的发展。在原始社会后期,随着生产的进一步发展,剩余产品出现了,这为社会分工和私有制奠定了物质基础。随着社会分工和私有制的出现,原始社会过渡到古代社会。除社会分工和私有制以外,古代社会还有两个特点：以手工操作为主的生产和以自给自足为主的小农经济。现代社会仍然存在社会分工和私有制，但生产是以机器为主，工业和市场经济具有主导地位。正因为如此，古代社会的教育（简称古代教育）与现代社会的教育（简称现代教育）比较，各自呈现出不同的特点。

古代教育没有明确和严格的等级界限，这与社会结构低度分化相联系，尽管如此，儿童由小到大接受教育还是有层次上的区别，接受较低层次教育仍然是接受较高层次教育的前提。古代"初等教育"主要是让儿童学习读、写、算，掌握社会生活知识，包括参加宗教和社交活动所必备的知识。实施这些教育的学校有民间办的，也有官府和教会办的。古代"中等教育"包括道德教育、宗教教育和职业教育，要求儿童掌握社会行为规范、风俗礼仪和某种秘传手艺。古代"高等教育"是以培养统治人才和手工技术人才为主要目的的"垄断型"专业教育。由于学费高，古代高等教育几乎成为少数官宦富商子女的特权。古代高等教育要求学生掌握普通文化知识和专门职业知识。由于社会结构分化程度较低，古代社会促进个体社会化的教育内容侧重道德经典和宗教教义，进而使得课程低度分化，课程结构简单，各级教育在课程设置上缺乏相互衔接。

现代教育不仅有明确和严格的等级界限，而且课程高度分化，课程结构高度复杂，各级教育在课程设置上相互衔接。现代初等教育主要是为接受中等教育作准备，因此要求学生掌握基本学习技能和基本知识（包括社会科学知识和自然科学知识）与思维方法，具有基本生活能力，前二者是为"成才"作准备，后者是为"成人"作准备。现代中等教育既要为接受高等教育作准备，又要为就业作准备，在中国，以前者为主要目的的中等教育称为普通中等教育，以后者为主要目的的中等教育称为职业中等教育。普通中等教育要求学生熟练地掌握基本学习技能和社会科学、自然科学的基础知识与逻辑思维方法，具有独立生活能力。职业中等教育要求学生熟练地掌握基本学习技能和一门专业知识与职业技能，具有从事某一职业的劳动技能。现代高等教育是以培养各种高级专门人才为主要目的的"竞争型"专业教育。取得高等学校入学资格的决定性条件不是家庭背景和有高中文凭而是高考成绩或高中结业成绩。提升高等学校文凭也要通过学习竞争来实现。现代高等教育要求学生掌握普通文化知识、专业理论知识和专业实践技能。高度分化的现代社会结构,使得促进个体社会化的教育内容专注于适应既高度分化又高度综合的人文社会科学和自然科学,并通过高度分化和相互衔接的课程结构来体现人文社会科学和自然科学的体系,从而提高社会适应能力。

三、教育特征的社会学解读

通过对教育历程的社会学解读,我们可以从古代教育与现代教育的区别上来把握社会学意义上的教育特征。

第一,古代教育具有阶级分化性而现代教育具有阶层融合性。古代社会具有鲜明的阶级性,这使得古代教育具有明显的阶级分化性。在古代中国,教育质量较高的官学主要接受少数统治阶级的子女,"立于官学"和"学在官府"就表现出鲜明的阶级性;私学的兴起虽然打破了"学在官府"的封闭性,使一些被统治阶级的子女有机会上学,但其办学条件远不及官学。在古代埃及,上层阶级的子女一般在教育质量较高的宫廷学校、寺庙学校和职官学校就读,而贫民家庭子女只能在教育质量较低的文士学校学习。古代印度的"婆罗门教育"还通过梵文教学语言的运用来凸显教育的等级性。即使在民主制度下的古代雅典,也只有少数贵族子弟才能进"国家体育馆"接受较高水平的教育。中世纪西欧兴起的大学也是少数贵族子弟的天下。

现代社会的阶级性日益趋向模糊,但个人收入上的巨大差距也使得社会分为不同的阶层,不过,现代教育不是分阶层进行的,而是在很大程度上表现出阶层融合性。首先,现代教育是不分种族的,每个种族都有平等接受现代教育的权利,每个学校接受不同种族的学生并一视同仁地对待不同种族的学生。其次,义务教育的免费和对教育公益性的日益强化使不同阶层的子女一般不会因家庭经济条件差而上不起学。最后，高等学校的助学金、奖学金和高等教育贷款向贫困家庭子女倾斜是现代社会较为普遍的做法，这使得低收入家庭可从教育中获得更多的社会福利。

　　从社会学角度看，古代教育的阶级分化性是古代社会分化能力强于古代社会整合能力在教育上的必然反映。在古代社会，生产力发展水平不高使交通不便和信息不畅，然而，社会分化能力可以在交通不便和信息不畅的状况下随着生产力发展水平的提高而提高，而社会整合能力的提高不仅依赖于生产力发展水平的提高，而且依赖于交通和信息畅通能力的提高。尽管社会分化和社会整合都是提高社会适应能力的方式，但在古代社会分化能力强于古代社会整合能力的状况下，教育更多地受制于社会分化，并更多地通过服务于社会分化来促进社会适应能力的提高。同样，现代教育的阶层融合性则是现代社会整合能力强于现代社会分化能力在教育上的反映。现代社会生产力大大高于古代社会生产力，特别是交通的便利和信息的畅通更是古代社会无法比拟的。现代社会已成为"地球村"社会，虽然技术进步和社会竞争仍然在为社会分化能力增添活力，使社会分化成为提高社会适应能力不可或缺的方式，但是，技术进步又在不断缩短人与人之间的距离，使人与人、企业与企业、政府与政府、雇主与雇员、官员与民众等之间的沟通非常便利，民主政治体制的普遍建立和不断完善也大大增强了社会整合力，因此，现代社会整合能力明显强于现代社会分化能力，于是，现代教育更多地通过服务于社会整合来促进社会适应能力的提高。

　　第二，古代教育面向人的片面发展而现代教育面向人的全面发展。在古代社会，社会分工特别是工场手工业内部分工，把人"肢解"了。正如马克思所说："正因为手工业的熟练仍旧是生产过程的基础，所以每一个工人都只适合于从事一种局部职能，他的劳动力变成了终身从事这种局部职能的器官。"[①] 于是，人的发展显得片面和畸形，面向人的片面发展也就成为古代教育的必然选

---

　　① 《资本论》第1卷，北京：人民出版社，1975年版，第376页。

择。这意味着人的社会化是以社会分工和工场手工业内部分工为基础的，它要求每个人掌握一种劳动技能，并终身从事这种劳动，以便他用数年的劳动经验积累，去悟透和掌握这种劳动的"秘诀"。在劳动过程中，这种"秘诀"与体力的有机结合，使其劳动生产率提高到一个有限的高度。如果他变换职业，这种劳动"秘诀"就不适合用于新的职业，他不得不重新用数年的实践去悟透和掌握新的劳动"秘诀"，这对社会和他个人而言都是一种浪费。所以，掌握一种劳动技能并终身从事这种劳动必然是古代社会对人的社会化提出的要求。古代教育适应这种要求，就是为每个人终身从事一种职业作准备，为尽快掌握劳动秘诀作准备。个人的片面发展对他全面占有自己的本质而言无疑是一种"异化"，但对人类和社会而言则是一种进步，因为，不同的人分别从不同方面去充分发展他自己的潜能和智慧，从而极大地推动了社会生产力的发展。也正是因为人类以个体的片面发展为代价，才换来了科学技术的更快发展，才迎来了工业社会。所以，人的片面发展是人的发展必经的历史阶段，面向人的片面发展也就成为古代教育最鲜明的特征之一。

在现代社会，机器大工业逐步发展成为主导产业，并逐步实现了信息化。正如马克思所说，机器大工业的技术基础本质上是革命的，因为作为机器大工业技术基础的现代科学技术具有不断进步的本质，而作为所有以往生产方式技术基础的"劳动秘诀"不具有不断进步的本质，因而它在本质上是保守的。现代生产技术基础的革命性，使"工人的职能和劳动过程的社会结合不断地随着生产的技术基础发生变革"，进而"使社会内部的分工发生革命，不断地把大量资本和大批工人从一个生产部门投入到另一个生产部门"。因此，大工业的本性决定了劳动的变换、职能的更替和工人的全面流动性，从而要求"使每一个社会成员都能够完全自由地发展和发挥他的全部力量和才能"，即实现人的全面发展，也就是说，承认劳动的变换，从而承认工人尽可能多方面的发展是社会生产的普遍规律，使各种关系适应这个规律的正常实现，就成为机器大工业生死攸关的问题。人的全面发展是机器大工业生产提出的要求，它反映了现代社会对人的社会化提出的要求。教育与生产劳动相结合和发展综合技术教育，可以促进人的全面发展。更为重要的是，信息技术的快速发展及其在机器大工业中的广泛应用，使掌握一定信息技术的劳动者更易于从一个生产部门投入到另一个生产部门。现代教育只有面向人的全面发展，才能有效促进人的社会化。因此，面向人的全面发展是现代教育的主要特征之一。

第三，古代教育与生产劳动相分离而现代教育与生产劳动相结合。古代教育与生产劳动相分离主要表现在两个方面，一是那些体现道德经典和宗教教义的教育内容脱离了生产劳动，因为道德经典和宗教教义不是生产劳动所必需的知识体系；二是以培养统治者为目的的教育背离了生产对劳动力的需求，因为统治者一般不参加生产劳动。古代教育与生产劳动相分离作为古代教育的主要特征之一的深层次原因，在于劳动"秘诀"仍然是生产过程的技术基础，与现代科学技术不同，劳动"秘诀"难以转化为间接知识，因而难以在生产过程之外的教育中加以传授，这样，古代教育就与生产过程的技术基础失去了内在联系，劳动者在进入生产过程之前不必接受那种不含生产劳动技术的教育。由于劳动"秘诀"只能在生产过程中掌握，因此，对于掌握劳动"秘诀"的个体社会化就必须在生产过程中实现，教育不能解决劳动"秘诀"的掌握问题。

现代教育以现代科学技术知识为主体来构建自身的学科体系和内容结构，而现代科学技术在生产中广泛应用使现代科学技术的掌握成为劳动者进入生产过程之前必须经历的过程，掌握现代科学技术知识，就是掌握生产知识和劳动本领，这样，现代科学技术知识就把现代教育与生产劳动紧密联系了起来。现代生产是社会化大生产，而生产的社会化必然要求生产的社会化管理，这赋予政府生产社会化管理的职责，赋予科学机构研究生产社会化管理的职责，赋予教育传授生产社会化管理知识的职责，于是，接受现代教育的人即使在政府、科研、教育等非物质生产部门工作，他们的职责仍然与生产劳动联系在一起。在现代社会，现代科学技术已经渗透到各种社会活动之中，掌握现代科学技术知识是个体社会化的基本要求,现代教育与生产劳动相结合不仅是现代教育的基本特征之一,而且是个体社会化的基本特征之一。

四、功能的社会学解读

功能即若干要素、成分按照一定结构有机结合成的统一体对环境以及自身所特有的作用。简言之,功能就是系统内部要素之间及系统与外部之间相互联系和作用的功力和能量。在社会学领域,"功能"一词是非常重要的概念,19世纪的社会学家们已经在使用这个词了,如奥古斯特·孔德和赫伯特·斯宾塞以及埃米尔·迪尔凯姆,他们认为社会的组成及其生存方式同生物体是非常类似的,如同人体的四肢、心脏、大脑一样,当人体的某一组织发生病变时,其他组织就会立即动员起来加以调适,使人体重新恢复均衡状态。社会的各个组成部分,如家庭、学校、工厂、企业和政府机关都以一种有益于全局的系统方式发挥各自的功能,以维持这个体制顺利运转所必需的平衡状态。在社会体系中一个领域里的变化,将在整个体系中产生效果,这犹如作为结果的"功能"与作为相关变量的"函数"是紧密相连的。迪尔凯姆认为:"当我们试图解释一种社会现象时,必须分别研究产生该现象的原因和它所具有的功能。我在这里之所以要用功能一词,而不用目的或目标等词,正是因为一般说来社会现象并不是为了它所产生的有用结果而存在的。应该确定的是,我们所研究的社会事实与社会机体的普遍需要是否一致,这种一致表现在哪些方面,而不必知道这种一致是否符合我们的意图。况且,有关意图的一切问题都太具主观性,不宜科学地加以研究。"[①]

结构功能主义进一步认为,结构是指社会单位的一套相对稳定的和模式化(patterned)的关系;功能则指有助于某特定结构或其构成部分适应、调节的任何社会活动的后果。简言之,结构是指一个具有相对持久性的模式的系统,功能指结构内部的动态过程。当

---

① 迪尔凯姆:《社会学方法的准则》,狄玉明译,北京:商务印书馆,1995年版,第111~112页。

代社会学家默顿吸收了B. K. 马林诺夫斯基以及迪尔凯姆等人的思想，建立了他的结构功能理论。他把社会看做由各个部分组成的一个结构系统，各部分之间依某种相对稳定的形式结成一定的关系，这些关系表现为功能并对社会现象有决定性影响。默顿所发展的结构功能分析方法被人称为经验功能主义，他还提出了对社会进行功能分析的范式。

默顿首先指出"function"这个词被广泛使用，但在一般言谈、政治科学、数学、生物学等领域它的内涵都是不一样的，一个术语可以表达不同的"概念"，社会学进行功能分析一直沿用的中心含义是从生物科学转借来的。在表达"function"这个意思时，人们有时会用不同的术语，它们甚至几乎变成了功能的同义词，如使用、效用、目的、意向、目标、后果等。中国人在日常使用中也不严格区分"职能"、"功能"、"作用"。其实，正如默顿所说的那样，这些词既有密切的联系又有很大的区别。首先，它们的内涵不同。"目的"、"意向"带有强烈的主观性，"职能"指的是事物的应然状态，与制度规定、职责等联系在一起；"后果"、"作用"指的是事物的实然状态，是一种结果表现；"功能"则指处于应然与实然之间的"或然"状态，是事物能够发挥的作用。其次，它们在词语搭配上也有所区别。如果把某事物看做一个系统，在谈到它的作用时往往使用"功能"一词，而谈到机构的作用时，大多使用"职能"一词，在有具体所指事物时，往往会说它的"作用"。教育对于社会来说，是一个子系统，学校是实施教育的机构，所以说，功能与教育相关，职能则与学校相联系。

默顿认为："功能概念涉及的是观察者或研究者的角度，而并不必然涉及参与者的观点。社会功能系指可观察到的客观结果，而不是主观的意向（目标、动机、目的），若不能区分客观社会后果与主观意向，则必然导致功能分析上的混乱。"① 默顿认为功能是客观的，应从观察者或研究者的角度而不是从参与者的角度来研

---

① 罗伯特·金·默顿：《论理论社会学》，何凡兴等译，北京：华夏出版社，1990年版，第104~105页。

究、分析事物或系统的功能,这个观点我们是赞成的。默顿区分了"应该(或期望)干什么"与"实际干了什么",但忽视了"能够干什么"的问题。"实际干了什么"当然涵盖了事物"能干什么",但"实际没干什么"并不意味着就"不能干什么",因为事物功能的发挥还取决于所处的环境及其他因素。

五、教育功能的社会学解读

教育是社会整体结构中的有机组成部分,教育除了对社会结构中的其他组成部分具有一定的功能外,还对社会结构的框架具有建构乃至解构的功能。因此必须认识到,一方面,教育的功能是作为社会机体重要组成部分的功能,而不是外在于社会机体的功能;另一方面,教育的功能是作为一种特殊社会活动的功能,而不是社会机体功能的整合,它有着自身的特征、规律和社会责任。然而,从当下中国学者对教育功能的认识状况来看,从一般性视角论述教育基本功能的多,而从特殊性、个别性视角论述教育基本功能的少。我们知道,促进社会和人的身心发展是各级各类教育都具有的功能,这是共性和一般性。但是,不同阶段、不同类型的教育在发挥两个基本功能方面,其形式、程度和结果是有较大区别的,这是特殊性和个别性。例如,普通教育和高等教育都具有政治功能、经济功能、文化功能,也都承担着社会生活的导引义务,但是,即便是具有相同属性的功能,普通教育和高等教育各自功能发挥的形式、程度和结果都是各不相同的。我们只有在认识共性、一般性的基础上,进一步对特殊性和个别性加以把握,才能对教育的基本功能有更全面、更深刻的认识。

顾明远主编的《教育大辞典》对教育功能的定义是:"教育功能,亦称'教育作用',指教育对整个社会系统的维持和发展所产生的作用和影响。主要涵盖人的发展和社会发展两个方面。(1)教育通过传授、训练、陶冶、评价等方式对个体和群体各方面的发展发挥激发、导向、奠基、重构、提高、矫正、完善、增值和选择等功能。(2)教育所培养的具有一定素质的人走进社会,成为一定社会的公民,担任一定的社会角色,对社会的维持和发展发挥适应、改革和改造的功能。教育的育人功能是根本功能，教育的社会功能是教育的育人功能的延伸和转化。而在转化期间，由于各种非教育性参变因素的作用，往往使教育的育人功能不能原本地体现，故教育的社会功能也可称为教育的派生功能或转化功能。教育功能不总是正向的。由于目的不正确，指导思想不明确或教育不得法，教育会产生负向功能。教育功能是多方面、多形态、多层次的，理应得到全方位的发挥。然而由于多种条件限制，往往会形成功能方位的偏离和功能之间的'内耗'，导致正向功能的削弱，负向功能的增强。为尽可能避免教育负向功能的消极影响，国家行政部门要通过宏观调控，保证教育正向功能的充分发挥。不同时期、不同境况，社会、人和教育之间出现不相适应的情况，要求教育侧重发挥某一方面、某种形态和某种层次的功能。教育功能的力度有其弹性区间，不能夸大也不能缩小，忽视这个阈限，就会期望过高或失去信心。因无法精确测量，对其力度只能作模糊性估测。"① 但是，把教育的育人功能作为根本功能，把教育的社会功能作为教育的育人功能的延伸和转化，就像前面所指出的那样，是把教育的个体功能与教育的社会功能简单割裂开来的做法，不符合事实。

所以，本书认为，教育功能是指教育所具有的按一定社会要求来满足人的发展需要进而影响社会的功效和能量。

第二节 教育功能的社会学范式

从社会学发展的历史来看，几乎每个社会学者都试图创建自己独特的社会学范式来说明社会现象和社会进程，其中包括对教育功能的说明，从而形成众多的教育功能的社会学范式。这里，我们只能选几个具有代表性的教育的功能社会学范式来加以借鉴。

一、行动—结构范式

社会（结构或系统）与个人（行动）之间的对立是现代社会

---

① 顾明远：《教育大辞典》增订合编本，上海：上海教育出版社，2002年版，第747页。

的基本特征。现代社会的悖论就在于：一方面，随着人类社会活动分化程度的提高，社会或生活世界结构化、体系化的程度不断增强；而另一方面，同样随着人类社会活动分化程度的提高，各种传统的社会连接纽带也日趋衰落，个人的自主性和世俗性不断增强。正是由于生活世界结构化程度和个人自主性、世俗性程度的同时增强，才造成了社会与个人之间的紧张和对立。

在社会学理论史上，至少自霍布斯开始，社会结构与个人行动之间的对立就是一个隐含在西方社会理论当中的重要议题。一方面，在许多社会理论家们（如霍布斯以及斯宾塞、迪尔凯姆等早期社会学家们）眼里，社会被看成一种独立存在于那些组成它的个体之上、有着与个体需求不尽相同的独特需求的"巨灵"般的实体性"体系"。由于"系统"的"功能需求"与人类个体的需求或主观意愿之间存在着一定的差异，因此，人类个体的主观能动性或自由被看成对社会秩序的一种威胁。社会结构、体系或秩序要得以存在和延续就必须要以个体主观能动性或个体自由的被闲置、被约束为前提。另一方面，多数社会理论家们（尤其是自由主义思想家以及后来以"意义"或"文化"为取向的那些社会学家们，如韦伯等）又普遍意识到主观能动性这种品质正是人类行动的一种基本属性，那种将社会结构、体系或秩序与人的主观能动性相对立，通过抹杀人类个体的主观能动性来论证社会结构与社会秩序的存在和延续的社会理论模式，是一种与我们的日常经验不相吻合的理论模式，因而必须加以修改，否则便不能加以接受。这种以压制个体的主观能动性为前提的社会结构、体制或秩序观与主观能动性作为人类行动的基本属性这一事实之间的对立和冲突，一直被认为是西方社会理论中难以疏解的死结，如何来消解这两者之间的对立和冲突始终被认为是一个困扰西方社会理论家们的难题。为厘清这个问题，我们首先从马克斯·韦伯在其巨著《经济与社会》第一章中不遗余力地解释相关概念的社会行动—制度秩序思想开始。

我们先说韦伯的社会行动—制度秩序。马克斯·韦伯（Max Weber, 1864—1920年）把社会学理解为"一门想揭示性地理解社会行为、并且通过这种办法在社会行为的过程中和影响上说明其原因的科学"①。这样，社会行为便成为韦伯理解社会学的建设性要素。韦伯把社会行为作为理解制度秩序的基础，并通过三步环环相扣的概念分析步骤，完成了从每一个个体都会自己解释自身的行为来发展关于社会行动与制度秩序的阐述。②

韦伯概念分析的第一步是界定社会行动。韦伯认为，社会是由行动者组成的系统，社会行动是有意义的，其意义是可以理解的，不过仅有对社会行动的理解是不够的，这种理解只有伴有经验上的验证才具有价值。其理由是：（1）社会行动的承载者是个人，个人举止（不管外在的或内在的举止，不为或容忍）是社会行为的最基本的分析单位。个人举止可能是以其他人过去的、当前的或未来所期待的举止为取向的。"其他人"可能是单个个人和熟人，也许是人数不定的或完全不认识的很多人。没有经验上对其他人举止的验证，就没有对其他人举止的理解，以其他人举止为取向就无从谈起，许多个人举止在社会行动意义上就得不到解释。（2）并非任何方式的个人举止——包括外在的个人举止——都是确定意义上的社会行为。如果个人举止仅仅以期待客观物体的效用为取向，那么，行动个体就没有对自己外在的举止赋予主观意义，也就不存在经验上对自己举止的验证，这样的外在的个人举止对自己就失去了意义，对社会也就失去了意义，它也就不是社会行为了。同样，内在的个人举止也只有当它是以别人的举止为取向时，才与其他人发生意义关联，才属于社会行为。（3）并非任何方式的人与人的接触都具有社会的性质，只有自己的举止在意向上以别人的举止为取向时，才与其他人发生意义关联，才具有社会的性质。（4）多人相同的个人举止并不一定是社会行为，处于人群中既不受他人影响又不影响他人的个人举止，不与其他人发生意义关联，也就不是社

---

① 马克斯·韦伯：《经济与社会》上卷，林荣远译，北京：商务印书馆，1997年版，第40页。
② 布赖恩·特纳：《社会理论指南》，李康译，上海：上海人民出版社，2003年版，第96页。

会行为。① 这四个理由构成了社会行为四个方面的性质,即第一,行为目的合乎理性,也就是通过对外界事物的情况和其他人的举止的期待,并利用这种期待作为"条件"或者作为"手段",以期实现自己合乎理性所争取和考虑的作为成果的目的;第二,行为价值合乎理性,也就是通过有意识地对一个特定的举止的——伦理的、美学的、宗教的或作任何其他阐释的——无条件的固有价值的纯粹信仰,不管是否取得成就;第三,行为态度合乎理性,也就是通过有情绪的尤其是有感情的举止来体现举止的意义;第四,行为习惯合乎理性,也就是通过传统的由约定俗成的习惯来与其他人发生意义关联。②

韦伯概念分析的第二步是界定社会关系。社会关系应该是一种通过行为的意向来调节并以此为取向的若干个人举止的意义关联。因此,社会关系毫无例外地仅仅存在于发生在其意向和方式可以标明的社会行为的机会之中,而不管这种机会建立在什么之上。③ 双方行为间意义关联的最低程度应该是社会关系的标志,如"斗争、友谊、爱情"等。当几个行动者各自行动意义的取向都在某种程度上考虑到他人的行为时,就存在着一种社会关系。当然,"这绝不是说,相互调节的参加者在单一情况下对社会关系给予相同的意向内容,或者在意向上与对方的态度相适应,在内心上适应他,即在这个意义上存在着'相互性'"。④ 如"友谊"、"爱情"的双方的理解会有不同。

韦伯概念分析的第三步是界定习惯、准则、制度取向。社会行为是一种体现社会关系的行为,而社会关系存在于一种合法制度之

---

① 马克斯·韦伯:《经济与社会》上卷,林荣远译,北京:商务印书馆,1997年版,第54页。
② 马克斯·韦伯:《经济与社会》上卷,林荣远译,北京:商务印书馆,1997年版,第56页。
③ 马克斯·韦伯:《经济与社会》上卷,林荣远译,北京:商务印书馆,1997年版,第57页。
④ 马克斯·韦伯:《经济与社会》上卷,林荣远译,北京:商务印书馆,1997年版,第58页。

中,因此,社会行为以一种合法制度存在的观念为取向。一种合法制度应该称为惯例,在可以标明的一定范围内的人当中,如果社会行为偏离它时,就会遇到某种普遍的和在实际上可以感受到的指责。一种合法制度,在外在方面,如果它的适用能通过(有形的和心理的)强制机会来保证的话,即能通过一个专门为此设立的班子所采取的行动来强制遵守,或者在违反时加以惩罚来实现这种强制的话,那么,它可通过下述情况来保证遵守:第一,纯粹内在的行为或纯粹情绪的行为通过感情的奉献来保证一种合法制度的遵守;价值合乎理性的行为通过信仰的绝对适用作为最后的、负有义务的价值(习俗的、美学的或其他的价值)的表现来保证一种合法制度的遵守;宗教的行为通过信仰对救物的占有来保证一种合法制度的遵守。第二,一种合法制度通过期望出现特别的外在的结果来保证遵守,即通过利害关系,或者也通过特别形式的期望来保证遵守。

然而,韦伯的社会行动—制度秩序理论并没有强调行动主体的能动性在社会行动中的作用,正因为如此,在韦伯之后,帕森斯在自己的理论中曾经试图解决这个难题,他提出的"意志行动"理论正是朝这个方向所作的一种努力。然而他的努力并没有成功,因为也正是在他那里,作为一种"巨灵"的社会体系图景同样被发展到登峰造极的地步。帕森斯的"社会体系",作为一种凌驾于个体之上、有着自己独特"功能需求"的客观存在,不可避免地也要以消解个体的主观能动性为前提。由于帕森斯是自觉地希望将以往的"社会(结构、体系或秩序)"观与人类个体的行动具有主观能动性这种观点结合起来的人,因此,这两者之间的矛盾和冲突在他的理论当中才显得格外尖锐、格外突出。我们在后面的结构功能主义中还要重点介绍帕森斯的理论,这里必须指出,正是在帕森斯之后,消解这两者之间的矛盾和冲突才成为社会理论中的自觉主题。在这方面卢曼、吉登斯、哈贝马斯、墨塞里斯、亚瑟尔等都作出了各种努力。[①] 这里我们着重引介吉登斯的"结构化理论"。

[①] 叶启政:《进出"结构—行动"的困境》,台北:三民书局,2001年版。

下面我们谈谈吉登斯的"结构化理论"。吉登斯（Anthony Giddens）认为结构可以概括为行动者在跨越"空间"和"时间"的"互动情境中"利用的规则（rules）和资源（resource），正是通过使用这些规则和资源，行动者在空间和时间中维持和再生产了结构。吉登斯认为"结构"对人的"行动"具有"制约（constraint）"和"使动（enablement）"两重性。"结构化"这个概念沟通结构的这种二重性，即行动者利用结构，并且在利用结构的特质时改变或再生产结构。因而，结构化的过程就需要对结构的性质、利用结构的行动者以及相互嵌套并生产出多种模式的人类组织进行概念化。

特纳用图2-1来概括吉登斯的理论：

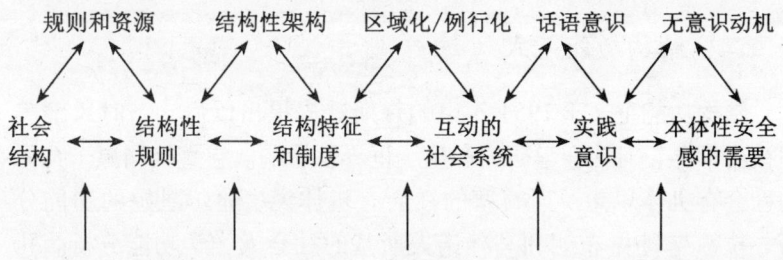

图2-1　吉登斯的结构化理论的关键元素①

结构不仅限制着人的行动，而且也使人的行动成为可能；个体的自由或行动的能动性，正是由于受到结构的制约才成为可能；如果没有对于个体行动一定程度上的制约，人类个体的自由实际上也将由于缺乏必要的合作游戏规则而终归于无。关于这一点，启蒙时期的思想家们就已经作过不少论述。因此，"结构"对"行动"的制约并非完全就是消极的东西，并非就只是使"结构"和"行动"

---

① 乔纳森·H. 特纳：《社会学理论的结构》（第七版），邱泽奇等译，北京：华夏出版社，2006年版，第461页。

相对立的东西。"结构"与"行动"既是相对相左的,又是相辅相成的。当然,正如 P. Wanger 等人所指出的那样,在特定的"结构"形式中,不同的个体由于在"结构"中所处的地位不同,能够利用"结构"所提供的资源和机会来为自己谋取利益的程度与可能性(也即是说在"结构"中所具有的"能动"和"受动"的程度)也就会不同。正因为如此,我们才需要不断地去改造"社会",为建立一种更为公平的社会"结构"形式而奋斗。①

从社会行动理论的意义上讲,教育是一种有意识有目的的社会行动,教育存在于教育制度之中,而教育制度又是社会制度的组成部分,教育功能及其形成只有在社会行动和社会制度中才能得到解释,因此,行动结构理论是我们对教育功能进行社会学分析的重要理论基础。

二、结构功能范式

结构功能主义于 1954 年由帕森斯首先提出以后,一时风靡美国社会学界,对社会学研究产生了世界性影响。它直接渊源于孔德的社会有机体思想、斯宾塞的社会有机体说、迪尔凯姆的功能分析、拉德克利夫-布朗和马林诺夫斯基的社会人类学功能分析。孔德视社会为有机体,认为家庭是社会的细胞,阶级是社会的组织,城市和社区是社会的器官。斯宾塞认为,社会是一个从简单到复杂,从同质到异质、结构与功能相互依存的有机体。而迪尔凯姆认为,解释社会事实既要说明其原因,又要说明其功能,在社会劳动分工条件下使社会发挥适当功能的条件是社会秩序、社会团结和社会整合。拉德克利夫-布朗把社会过程、社会结构和社会功能作为社会人类学研究的基本范畴。马林诺夫斯基认为,社会文化现象根源于个人的需要,满足个人某种需要的功能普遍存在于文化现象之中。这些思想对结构功能主义的形成产生了重要影响。

结构功能主义主要包括帕森斯的抽象结构功能主义和默顿的经

---

① 谢立中:《社会理论:反思与重构》,北京:北京大学出版社,2006年版,第 136 页。

验结构功能主义。

　　作为帕森斯的抽象结构功能主义的渊源之一的迪尔凯姆的功能分析，把人类行为视为探寻历史起源及其功能的基本元素，把人的行为视为客观环境的反映。同样作为帕森斯的抽象结构功能主义的渊源之一的韦伯经济社会学，把各种不同层次的社会结构概念化地转换成可理解的行动，以此作为社会学分析的基本单位。帕森斯在他早年出版的重要著作《社会行动的结构》一书中接受了迪尔凯姆和韦伯的这种理论立场，把"社会行动"作为社会结构及其功能的研究对象。不过，帕森斯认为迪尔凯姆过分强调客观环境对人的行为的制约作用，而忽视甚至完全否定人的能动作用，与此相反，韦伯则过分强调人的行为在主观定义人的文化理想和价值观等方面的意义，而忽视客观环境在人的行为中的作用，因而他们都未能对社会行动的结构作出完整的说明。在这本书中，帕森斯试图把迪尔凯姆和韦伯的行动理论结合起来，从抽象的人类行动概念出发，完整地解释人类社会行动的结构。

　　帕森斯把社会理解为人类社会行动大系统的类型，在行动大系统中完整地理解社会结构。帕森斯认为，人类社会行动大系统包含文化、社会、人格和行为有机体四个子系统以及终极实在、有机物质世界两大环境要素。终极实在内含一系列最基本的生存意义，是行动的文化子系统的直接环境要素，同时受制于文化子系统，并通过它与其他子系统相联系。有机物质世界是行动的行为有机体子系统的直接环境要素，并与它发生相互作用。信息流量较大、能量较小的子系统制约着信息流量较小、能量较大的子系统。文化系统是符号要素——知识、思想、价值观、信仰、规范、观念等抽象概念的总和，是信息流量最大但能量最小的子系统，制约着信息流量相对较小但能量相对较大的社会子系统。社会子系统是人类相互作用的系统，它比社会中个人相互作用的人格子系统的信息流量大但能量小，因此社会子系统制约着人格子系统。人格系统是人的动机、需要和态度等心理因素的总和，与行为有机体子系统比较，它的信息流量较大但能量较小，因此人格子系统制约着行为有机体子系统。由地理位置、生理特性和生物需要等构成的行为有机体子系统是信息流量最小但能量最大的子系统，因为它包含着人类与生俱来的共同需要，这种需要的满足与有机物质世界直接相联系。

从人类社会行动大系统意义上理解的社会结构具有四种功能：模式维持、整合、目标完成和适应的功能。模式维持的功能体现了行动的社会子系统与行动的文化子系统之间的联系，其目的在于维持建立在终极实在取向基础上的社会最高指导原则。在行动大系统中执行模式维持功能的要素主要是宗教、习俗、政治、法律等文化价值和行为规范，社会子系统和文化子系统把对终极实在的信念和认识变为文化价值和行为规范以维护社会秩序并指导人们在物质世界的行为。整合功能体现了行动的社会子系统中各个部分与整个社会或行动大系统之间的联系，其目的在于实现社会整体组织和整体运行的协调一致，使每一个分化了的子结构为履行其功能而不断提高适应能力。执行整合功能的要素主要是作为社会核心结构的政治制度、社会团体和文字。目标完成功能体现了行动的社会子系统与人格子系统之间的联系，其目的在于确定社会的总体目标、强化社会控制机制和动力机制、动员和组织集体行动去完成集团的目标。执行目标完成功能的要素主要是政体。适应功能体现了行动的人格子系统与行动的行为有机体子系统之间的联系，其目的在于促使社会对各种环境条件的普遍适应。执行适应功能的要素主要是经济制度、科学技术和教育。

从人类行动系统出发，帕森斯把行为取向归结为五个模式变量：普遍性与特殊性、扩散性与专一性、情感性与中立性、先赋性与自获性、私利性与公益性。模式变量组合不同，社会结构就有所不同，社会功能也就有所不同。这样，帕森斯就通过模式变量组合分析实现了结构分析向功能分析的转化，使结构分析与功能分析有机结合了起来。

在此结构功能理论的基础上，帕森斯强调社会经济发展的过程不再是斯宾塞和迪尔凯姆等社会学者认定的人性的进步过程，而是"社会总体适应能力"提高的过程。因此，社会结构是以提高"社会总体适应能力"的功能为存在方式的。当一个社会结构不能履行其提高"社会总体适应能力"的功能时,它的变迁和分化就势在必行,决定社会结构的四个子系统就要随之发生相应的变化,使社会结构朝着提高"社会总体适应能力"功能需要的方向运动。这种社会结构的变迁表现为适应性增长、分化、容纳和价值概括化。适应性增长是社会全面适应能力不断增强;分化是单一社会结构向多元社会结构的转化,以加强社会主要结构的独立性,促进社会整合新方式的出现,满足适应性不断增长功能的需求;容纳适应功能结构不断复杂化的需要,使结构的分化为新整合开辟道路;价值概括化是用越来越抽象的共有价值代替各种特殊规范,为共有价值提供合法性。帕森斯认为,社会结构和功能的分化程度愈高,社会结构和功能的整合范围和整合价值就愈大,满足"社会总体适应能力"提高功能需要的社会经济制度就愈优越、愈合理,社会发展阶段也就愈高。

默顿吸收了马林诺夫斯基所倡导的社会人类学功能主义和迪尔凯姆的社会结构分析的方法,在批判传统功能主义假说的基础上建立起经验功能主义。默顿认为,传统功能主义坚持的"功能统一性"、"功能普遍性"、"功能不可缺少性"的理论假设是毫无根据的,是对社会中普遍存在的发展不平衡和冲突的否定,实际上是对社会变革可能性的否定。为了克服传统功能主义的缺陷,默顿建立起以经验分析为基础的功能分析范式和结构分析范式,确立了功能与结构分析的社会学研究程序。

默顿的功能分析范式包括十一个范畴:(1)确定具有功能的各个社会要素(如角色、制度、组织等);(2)主观意图(动机、目的)的前因后果;(3)社会结构运行的客观效果,要区分正功能与负功能、显功能与潜功能;(4)功能所影响的各个部分;(5)功能必要条件;(6)满足功能的机制;(7)功能替代;(8)结构约束条件;(9)社会动态过程与社会变迁;(10)通过比较研究证实功能分析结论;(11)意识形态对功能分析的影响。正功能或负功能是指社会结构要素及其关系对于社会调整与社会适应起帮助作用或削弱作用。显功能是被社会系统内的参与者所认识到的并有意造成的客观作用。潜功能不是由社会成员有意造成并未被认识到的客观作用。功能替代是指某一结构的组成部分可以具有多种功能，而同一功能也可由系统的不同部分来实现。

默顿的结构分析范式包括目标和手段以及社会成员对目标和手段的适应模式，其中适应模式又分为遵从、创新、现实主义、隐退和反叛五种类型。

默顿把社会看做由各个部分组成的一个结构系统，各部分之间依某种相对稳定的形式结成一定的关系，这些关系表现为功能并对社会现象有决定性影响。在结构分析中，他把一定社会行动类型与社会结构联系起来，把"紧张"、"冲突"、"分化"视为社会变迁的主要原因。默顿的经验功能主义有三个特点：（1）把结果层次的功能分析转变为方法层次的功能分析；（2）把功能分析中理性主义的、抽象的方法转变为更具经验性的中层理论指导的方法；（3）把社会的静止图景转变为动态图景。结构功能主义为认识教育功能的种类、社会取向和优化提供了重要的理论依据。

三、互动范式

互动论研究人与人的相互交往和作用及其主观反应。20世纪初，欧美社会理论家们开始认识到，在某种意义上，社会结构最终是由个体的行为和互动所构成和保持的，因此他们开始致力于发现人际互动的基本过程。这一创造性开拓引发了广泛的微观理论研究。互动论就是这一研究的重要成果之一。互动论包括布鲁默（Blumer, 1900—1986年）、登津等人的符号互动论、戈尔曼等人的表演互动论和舒茨（Alfred Schutz, 1899—1959年）等人的约定互动论。从理论渊源来说，互动论受到詹姆斯（W. James, 1842—1910年）对自我的主我与客我之区分、库利（Charles Horton Cooley, 1864—1929年）的"镜中我"、杜威的实用主义等很多美国学者的观点的影响，而最直接的影响则是来自米德（Mead）的著作《心灵、自我与社会》，其中提出了符号互动论广为运用的许多核心概念，分析了牢固确立在社会中的经验，阐述了语言、符号和沟通在人类群体生活中的重要性，解释了言语和姿态通过角色扮演的过程、以哪些方式激起他人的反应、自我的反思性和反射性以及社会行为的核心地位。另外，德国著名社会学家齐美尔（1858—1918年）的思想也是互动论的另一个重要理论来源。齐美尔论述了个人与社会之间的关系，在他的重要论文《群体联系之网》中强调人类的个性是在个人群体联系的特殊构造中呈现和塑造的。人们是什么样的——就是说，他们怎样看待自身和准备怎样行动——受群体成员关系所限制。①

"符号互动论"这个词是布鲁默首先提出并作了系统解释和论述的。布鲁默始终关注的是社会学应当成为对于群体生活的脚踏实地的研究。布鲁默相信，社会的存在是一种实在，但这种实在的内容是变异性的，由活动着的人不停地创造、使用各种符号并相互交往和作用而表现于世。他认为，人的任何行动总是有目的的，而且是对他人的回应，因此，行动就其本质而言是社会的互动。他把互动分为"非符号的互动"和"符号的互动"，两者之间的区别是看其是否完成了它们在互动时那种必需的"解释"过程。作为符号互动的"产品"，布鲁默认为可分为三种。一是物理性的东西，如树、椅子等；二是社会性的东西，如学生、母亲、教师等；三是抽象性的东西，如道德原则、法律正义等。它们都是社会的创造物，并且同一东西对不同人有不同的意义。在其代表作《符号互动论》（Blumer，1969）一书中提出了符号互动论的三项核心假设：（1）人们在面对事情的时候，是根据事情对于他们所具有的意义来决定如何行事的；（2）这些事情的意义来自于或者说发生于一个人与自己同伴之间的社会互动；（3）人在应对自己所遭遇的事情时，会使用一套解释步骤，而这些意义就是在这个过程中得到处理和调整的。更为重要的是，布鲁默强调用直接观察社会的方法来研究符号互动，但是直接观察代替不了对人类行为的理解。那么，如何把直接观察社会的方法与理解"人学"的方法结合起来，登津为此作出了贡献。

---

① 转引自乔纳森·H. 特纳：《社会学理论的结构》（第七版），邱泽奇等译，北京：华夏出版社，2006年版，第338页。

登津提出了符号互动论的六条方法论原则：第一，只有把互动中符合所暗含的内部相互作用与行为所表现出来的外部相互作用联系起来，才能把引发互动的内部条件和外部条件整合在同一互动过程之中。第二，只有从互动者的角度去看待互动，才能再现意义在互动中的形成过程。第三，只有把互动者的主观意义和符号与社会结构联系起来，才能在符号互动意义上解释个体之间的相互交往和作用。第四，只有把互动者、情势、情境意义、互动时间这四个变量联系起来，才能解释符号互动情境的意义。第五，只有在情境的意义没有充分表现出来时运用"启发的"方法即发现的方法，而在情境的意义充分表现出来时运用"实证的"方法，才能克服某一种方法的缺陷。第六，只有建立一种普遍的形式亦即齐美尔的"纯粹的社会性形式"的理论，才能解决社会学的方法论问题。关于这六条方法论原则的价值，就像登津自己承认的那样，"不是严格意义上的理论"，因而仍然是局部上和历史上适合符号互动论的原理。

20世纪40年代是符号互动论发展的鼎盛时期，一大批研究者应运而生。虽然他们在议题、理论和方法等方面都存在争议，但其研究有以下几个共同点：(1)关于"人性"，他们认为人类的独特性在于他们的象征化能力，人们能够象征性表征和运用客体，建构社会情境的定义，从而影响他们的行为；人类有自我反省和自我评价的能力；在大多数社会情境中，他们将自身看做客体。(2)关于互动的本质，他们认为互动有赖于人们发出和解释姿态的能力；角色领会是互动的关键机制，因为它能使行动者体会他人的视角，以及那些不在场的他人和群体的视角；在行动前，行为者以他人和群体的视角作为其考虑问题和情景定义的基础，角色领会和心智就能两相结合、一起运用，这样，人们就能彼此调适，并适应情景。(3)关于符号互动过程所创造、维持和变革的社会结构，他们认为如果不懂得个体间的互动过程，那么就无法理解互动是社会组织模式的建构机制。(4)关于社会学研究方法论，他们认为社会学研究必须着重于人们作出情景定义和选择行动路线过程的研究，方法必须着眼于个体的人。(5) 关于社会学研究目标，他们认为社会学必须解释互动过程，并离析出一般类型的行为和互动可能产生的条件。

布鲁默的学生戈尔曼创立的表演互动论把符号互动论强调符号在互动中的运用引向如何运用符号来表演，以此描述个人行动的意义和效果。从行动结构论角度看，表演是一种社会行动，而从符号互动论角度看，表演是符号在互动（行动）中的运用，因此，表演互动论是在行动结构论与符号互动论之间作了有益的取舍，把研究重点从符号移向互动，从社会结构移向经验结构，用互动来描述社会行动。戈尔曼认为，现实生活中的人只不过是依据自己内化了的社会现实在社会生活舞台上进行表演的演员。他把这种表演的依据界定为"表演框架"，即个人内化了的现存的社会规范、准则、惯例和共识，把社会比喻为"戏剧及其舞台"。社会环境、社会行动、社会结构预先为个人表演写好了"剧本"，把个人行动模式比喻为"剧情"。这种剧本是社会规范对个人角色和行动的限定，而剧情则把个人行动模式变成个人行动习惯。保证表演效果的基本特征是忠诚、训练和慎重。表演的角色、功能、所获信息、所处区域的区别和角色外沟通的不够是导致不协调角色出现的原因。表演是个人在社会上向他人显示一种理想化的形象，因此，如何在他人心目中塑造一个自认为理想化的印象，就成为个人在社会上表演的管理策略。这种管理策略就是戈尔曼所说的"印象管理艺术"，它包括竭力向他人显示理想化的形象以及为达某种目的而进行的"误解表演"、"神秘化表演"和"补救表演"。

舒茨将韦伯理解社会学强调理解"社会行动"的主观意义从"社会"移向"生活世界"，强调人们在日常生活中互动的主观方面，研究现象世界人们约定俗成的理解规则，建立起约定互动论或家常互动论。舒茨认为，生活世界就是"人的直接性世界"，即人的"感觉、需求、幻想、希望、怀疑、断言、回忆过去和预料将来的想象世界"。生活世界的本质是"同感现实"，即人们对现实的共同感受和看待世界的共同方法，它的形成取决于生平状况、知识储备、彼此合作和变换自我。生活世界从本质还原现实，是现实的东西向观念的东西的复归，即理解生活世界的意义。这种意义来源于经验的最深层。自己和他人的经验流或意识流在社会互动中同时发生、相互交织，构成了人际关系的本质。在现时，自己与他人相互把握对方的思想与活动的性质，因此，生活世界具有相互主观性。生活世界的主观意义是通过互动者反思活动而揭示出来的，而"反思"只能把握自己过去的行为和感受而不能把握自己现时的行为和感受。关于生活世界的主观意义，包括自己活动的主观意义、他人活动的主观意义和团体成员共同的主观意义。在互动中，个人通过换位思考和"相关性体系"即共处的环境来获得理解的普遍性即互动的社会性。

当代，互动论出现了两种趋势：一是那些"趋于形式主义"的互动论学者力图把握社会生活的种种形式与现实；二是"趋于新实用主义"的互动论学者采取了更强烈的后现代转向的立场。

总之，互动论长期关注时间性、反思性、对话、文化、沟通、认同、身体、戏剧、符号学以及日常生活，强调不能像研究物理世界那样来研究人的社会世界，要了解人的社会世界，要探讨一种深层的主体间的反思性，认为"个人的与社会的"、"行动与结构"、"观念论与物质论"只是在重复生产哲学家们弄出来的虚设的划分、二元对立和对偶范畴，不需要把诸如此类的分裂偷渡到社会考察的实践中去，社会学研究不能完全地、彻底地带有政治和道德的意涵。

从互动论角度看，教育活动是一种师生双向交流的活动，这种活动通过符号、法定的和约定俗成的规则来进行。教育的意义和效果的获得在很大程度上取决于师生显示在对方心目中的理想化的形象。因此，互动论是我们研究教育功能值得借鉴的理论基础。

四、个体社会化范式

社会学领域关于个体社会化问题最早是从人与社会之间关系的

角度提出来的。① 社会学先驱者孔德挣脱了神学和形而上学关于人与社会之间关系的思辨哲学的桎梏，在人与社会之间首先构建起实证科学研究的桥梁，把社会学作为唯一研究人的理性和心理在社会生活影响下如何完善起来的科学，用社会有机整体的视野观察人和各种社会机构，探寻人的理性形成的社会静力学规律和社会动力学规律，为个体社会化研究勾画出了影响深远的理论轮廓。如果说孔德把人的理性发展与社会生活直接相联系，为个体社会化研究奠定了实证论基础，那么，英国实证主义哲学家、社会学家斯宾塞则把人的发展与社会条件直接相联系，为个体社会化研究奠定了进化论基础。他以达尔文的生物进化论来分析社会和个人，认为社会虽然是人组成的社会，但是不能理解为个人总和本身，社会一经形成，就有了自身的结构，自由、竞争、适者生存是社会发展所必需的，人的发展决定于该社会的文化、经济和技术发展的水平，研究一代人的发展，必须一开始就研究产生一代人的社会条件。

自1895年德国社会学家齐美尔在他的《社会学的问题》的论文中正式用"社会化"一词来说明群体形成问题之后，尽管法国著名社会学家迪尔凯姆没有使用"个体社会化"一词，然而，他于1914年在《人的二重性及其社会条件》一文中提出的关于道德教育和道德内化的问题，实际上就是关于个体社会化的问题。他认为道德也是一种离开个人而存在的社会事实，这种社会事实通常是要发生变化的。道德起源于社会，"每一个社会都是一个道德的社会"。社会通过社会团结关系产生一种社会的道德权威和期待，从而转化为一种共同的道德规范和道德理想。道德具有三个要素：纪律感、对社会群体的依恋和意志的自主性。成年人通过教育把道德灌输给还未准备好社会生活的人，在开发智力、形成个人品质和个性特征的过程中培养适应社会发展需要的人。这种道德内化的过程是一个人从他律到自律的复杂过程。人具有二重性，既具有个体

---

① 刘豪兴、朱少华：《人的社会化》，上海：上海人民出版社，1993年版，第11页。

性，又具有社会性，其基础是生物心理的，而其本质则是精神社会化的。这种个人的、生物的和社会的、道德的二重性是互相对立的。在他看来，人既是天使，又是野兽，人的生物本性（能力、生物功能、冲动、情欲）追求的是利己主义，人的道德（规范、价值、理想）追求的是非个人目的。道德一开始就没有私利，所以，要做天使的话，就必须约束那种兽性的东西。那么，怎样约束人的欲望和克服人性中的利己主义的倾向呢？在迪尔凯姆看来，唯一的办法就是通过道德教育，即个人内化社会的道德规范、道德理想，使道德成为自己人格的重要组成部分，从而自觉地遵守社会的道德规范，追求社会的道德理想，形成自己的价值取向。要达到此目的，首先必须特别注意儿童的早期教育，从孩提时代起就对儿童进行道德的启蒙，为以后的道德意识奠定基础；其次必须使道德教育与儿童的身心发展相适应；再次必须使道德教育与情感结合起来，做到动之以情；最后必须重视"同业组合"，即"职业团体"在摆脱"失范"、树立"集体意识"、使个人融合在这种集体中的作用。迪尔凯姆还研究了自杀问题，为研究个体社会化过程中的反常规现象和越轨行为开辟了新领域。迪尔凯姆还把道德的社会功能和教育理论联系起来，强调道德教育在个体社会化过程中的作用，一个人通过社会化就能够获得其个性，学会参与社会生活，从而有利于保障社会的正常运转。

20世纪30年代以来，随着个体社会化的心理学研究和文化人类学研究的巨大进展，社会学界关于个体社会化研究出现了以下三种角度①：

一是个性发展角度。从人的个性发展角度对个体社会化进行研究有着最久远的历史和最深远的影响。这一角度的研究认为，个体社会化就是人的个性和人格形成和发展的过程，社会化的人就是通过社会化而形成的有个性的人。其代表人物有美国社会学家C.库

---

① 刘豪兴、朱少华：《人的社会化》，上海：上海人民出版社，1993年版，第12页。

利、美国社会心理学家 G. 米德等。

库利认为,个人与社会本来是统一的,二者只是研究人类相互作用这个生动过程的不同侧面。库利在他 1902 年发表的第一本著作《人的本性与社会秩序》一书中,专门研究了"生动的社会过程"中的个人,指出,不应该赋予本能以社会行为普遍动机的意义,因为社会生活变化的事实证明,人的行为动机是易变的,不存在着能控制其行为的统一规律,人的本性是可塑的和可变的。在库利看来,人作为名副其实的社会生物,其标志是能够把自己跟集团区别开来,能够意识到自我、自己的个性。自我意识发展的必要条件是同他人的交往并领会他人对自己的看法。于是,他提出了著名的"镜子般的自我"(又称"镜中我")的观点,认为"作为社会的生物我们有一双用于真正反映事物的眼睛,但我们却不相信我们所看到的水的宁静"。我们的"自我"是通过对周围环境所产生的那些印象加以综合而形成的。人的"自我"包含着三层意思:关于"我在别人看来是怎样的"观念;关于"别人怎样评价我的形状"的观念;由此而产生的类似自豪或自卑的特殊自我感觉。库利在分析个人和社会的相互作用时,还提出了著名的"初级群体"的概念。所谓初级群体,库利是指直接发生面对面相互作用的各个个人的协作和联合。如儿童游戏小组、家庭、邻里。他认为,"初级群体"的初级性,在于它们在个人的社会世界和社会理想的形成过程中起着决定性的作用,正是在这些地方,个人第一次感觉到自己是属于社会并且了解到共同的理想。

米德在个体社会化问题上承袭库利的相互作用论,认为人离不开社会,因而人的行为必然是社会性的。他在《精神、自我和社会》一书中提出了著名的"被概念化的他人"理论,从符号相互作用论的观点出发,认为社会就是人们之间用反应、手势、面部表情或一系列象征符号进行交流的信息、态度和印象的持续的混合。人的社会行为是靠行为者不断根据他人或社会的标准来调节和控制的。在米德看来,个体社会化的过程就是把别人的态度内化并按照社会上其他人的期待来判断自己的行为的过程,因而人的行动是自主加反馈,不过,人的自控能力不是天生的,而是儿童在社会

（家庭）生活中渐渐地被迫形成的。

二是文化角度。基于这一角度的研究把个体社会化看做人类文化的积累、传递和延续的过程，认为个体社会化实际上是人类文化遗产的代际转移。20世纪20年代，美国社会学家W.奥本格确立了这一角度的学术地位，他把个体社会化明确定义为接受人类文化遗产、保持社会文化传递和维持社会生活延续的过程。

三是社会结构角度。这一角度侧重于个体社会化的社会层面，认为个体社会化就是要使人变得更具有社会性。英国社会学家S.萨金特在《社会心理学——综合的解释》一书中首次把角色概念引入个体社会化研究。帕森斯则直截了当地认为个体社会化过程就是角色学习过程。个人通过社会化逐渐了解自己在群体或社会结构中的关系和地位，学会如何顺利地完成角色义务。社会化的功能就是维持和发展社会结构。另外，帕森斯还对童年社会化和成年社会化都作了研究，拓展了个体社会化研究的年龄时限。现在，社会学家们已经普遍认为，人不仅在童年、少年期有一个社会化的问题，就是在青年、中年、甚至老年期，也都存在社会化的问题。社会化贯穿人的一生。还有人提出"再社会化"的概念，把社会急剧变化对个体的影响纳入再社会化的进程，其中包括对在人的早期社会化和继续社会化过程中没有取得合格社会成员资格的个体进行再教化。

人与动物的根本区别在于人具有社会性。个体社会化涉及社会及个体两方面。从社会视角看，个体社会化涉及社会对个体进行教化的过程。由于一个社会的成员不会永生，因此，社会必须采取措施，把最广义的文化成就（即知识与技能、规范体系、经过考验的社会结构）传递给后代。从个体视角看，社会化涉及个体与其他社会成员互动的过程。个体社会化是个体在社会环境影响下认识和掌握社会事物、社会标准，从而得以独立地参加社会生活的过程。对个体社会化具有决定意义的途径主要是家庭文化熏陶、学校文化教育和社会文化影响。因此，我们今天的家庭状况，学校教育内容、教育方式都将直接影响到我们未来的社会面貌。教育作为一种培养人的社会活动，它的根本职能便是促进个体社会化，个体社会化反过来又会使社会文化具有个体化特征。当代社会教育系统越来越发达，几乎人人都接受过或者在接受系统的学校教育，因此，个体社会化理论是研究教育功能的重要理论基础。

五、建构范式

社会学中的建构主义关注的仍然是社会学的行动者和结构、个人与集体的关系，但是，提出问题的方式与功利主义、结构主义和功能主义有所不同。在建构主义看来，社会实在被理解为个人和集体行动者对历史和日常的建构。社会的建构主要表现在三个方面：（1）人们自己创造自己的历史，但是他们并不是随心所欲地创造，并不是在选定的条件下创造，而是在直接碰到的、既定的、从过去继承下来的条件下创造。（2）当新的社会形式在行为者日常生活的实践和互动中创造出来的时候，过去的社会形式也被重新生产，得到适应，被转移和改变。（3）这个过去的遗产和日常的工作打开了通向将成为现实的可能领域。在历史发展的过程中，社会实在既属于客观化的世界，也属于主观化的世界。行动者一方面面对既定的、外在于他们的资源，这些资源约束了行动者的行动，同时，又是他们行动的媒介。另一方面，行动者通过学习和社会化的方式使外部世界内在化。社会学中的建构主义实际上就是要超越行动者和结构、个体和集体的对立和背反，理解个人和主体间性的意义和动机，寻找一条认识社会实在的新路径。

社会学理论中的建构主义基本上经历了古典、现代和当代的发展历程。在古典时期以韦伯和齐美尔为代表；现代是符号互动论和现象学社会学，代表人物是乔治·米德、阿尔弗雷德·舒茨、彼得·柏格；当代是结构化理论，领军人物安东尼·吉登斯。

韦伯是古典时期社会学最具影响的人物之一，他提出了系统地理解人类行为的解释社会学（interpretive sociology）主张。他的思想对后来社会学的发展产生了导向作用。韦伯认为，对社会行动的分析，实际是对行动背后的意义的理解。与涂尔干从实证主义的角度探讨社会行动的意义如何受到外在于行动者的社会力量的控制和影响不同，他从行动者的内心世界来理解行动的意义。因为社会现象的意义结构并不像自然现象的存在结构那样是现象本身所呈现的,而是造成这一社会现象出现的行动者赋予的,亦即意义是人为附加在现象上的。意义成为韦伯关注的中心问题。社会学家对意义的探讨包括两个方面:一是行动者在其生活经验中实际赋予的;二是观察者可能赋予假设类型的行动者的类型化意义。这样,人们在理解社会行动的时候有两种把握方式:直接观察性理解和说明性理解。直接观察性理解就是在一定的客观环境中对社会行动的可观察的客观属性进行直接的理解和说明;说明性理解就是通过对行动者所赋予的主观意义达到对社会行动的理解。

韦伯对意义的探讨是通过"理想类型"(ideal type)或纯粹类型的概念来完成的。理想类型并不是对现实的描述,而是通过事物的可能性来认识事物的现实性,即为了实在的因果关系,而建构不是简单地透视实在的因果关系。因而理想类型是一种主观思维的建构,它不是基于对所有事实进行经验上的概括,更不是人们所希望的那种社会类型,而是一种分析社会现象的方法。比如,韦伯对社会统治形式的分类——卡里斯马型、传统型和法理型,就充分反映了这一点。他认为这三个纯粹类型从来就没有在社会和历史中以纯粹的形态实现过,人们多少会在各种不同组织的命令—服从关系中发现与之非常接近的情形,但所有在经验事实中的统治形式都是这三个纯粹类型的混合。他所主张的社会行动类型实际上是为了创造出客观化标准去认识主观意义。这种对社会现象的纯粹类型分析方法从一个侧面反映了韦伯对社会科学的独特理解,主要有以下四点:(1)对社会科学中局限于自然科学的"规则学"说明的批判;(2)在社会科学中用"原因"说明模式取代自然规律说明模式,他的说明把动机看做原因;(3)原因说明模式包括:"解释"社会行动的概念要破译"意义",反过来又要把"动机"、"意图"、"意向"当做理解行动"意义"的钥匙来思考;(4)发现"意义"即"理解"和"解释"在逻辑上或认识上不同于在物理世界发现"规律"和"原因"。韦伯的认识是当时德国思想界围绕自然科学和人文科学之争在社会学的集中体现。他对社会行为的研究受到了文德尔班和李凯尔特的深刻影响,认为社会世界和自然世界是两个不同的领域，人的行为和自然客体的行为存在巨大的差异。作为社会中的人总是积极地建构社会现实，其行为方式在于他们以何种方式理解其行为，并赋予行为以意义。因此，把实证主义的方法运用到社会行为的分析是有问题的。韦伯的文化社会学思想对后来的社会学家追寻社会行动的意义提供了有别于实证主义的新路径。

建构主义的现代形式是现象学社会学。现象学社会学在反省古典社会学的基础上，吸收了哲学中的现象学思想，主要从个人及其互动的角度去认识我们所面对的社会世界。舒茨是现象学社会学的创始人，处在韦伯的社会学和胡塞尔的哲学现象学的巨大影响的交叉点上。现象学社会学考察的是个体怎样理解关于社会世界的感觉材料，怎样把这些材料作为社会现象分拨给不同范畴，更重要的是致力于分析这些范畴是否为社会成员所共享。舒茨从解读韦伯的社会行动着手，来分析行为背后的意义。舒茨把人的行为分为两个方面：一方面是意识产生的过程，具有时间性，即行动（action）；另一方面也可看做已经完成的所作所为，即行事（act）。当"我"（主体）处于"行动"的状态时，我就沉浸在绵延的时间流中，是不可能发现任何清晰的、可彼此分辨的经验的。而当"我"意识到这一绵延的过程，一直注视着持续的行动流，并且通过反思的态度，从中识别出一个分离的行动片断，这样持续的意识流就转化为已经完成的所作所为，即将行动变为行事。对行为的意义赋予是在行为之后：反思性注视挑出了一个已渐逝去的生活经验，并且把它建构成有意义的。这些意义的构造不断地积累，就形成了舒茨所说的手头库存知识（stoke of knowledge at hand），它是指作为社会科学分析对象的普通人在面对外在世界、理解外在世界时，并不仅仅是在进行感知的活动。他们和科学家一样，也是运用了一套极为复杂的抽象构造来理解这些对象。通过库存知识，普通人的事先储存的经验，即我们自身的经验或我们的父母及老师传授给我们的经验，获得了有序的安排，把我们的经验分类放置到不同的图式中去。虽然这些经验图式是意义构成过程的产物，但普通人已把它看成理所当然的。这些知识是普通人在主体间性的世界中逐渐形成的。

在舒茨看来，尽管我们不能达到他人意想的主观意义，但这并不意味着他人的行为对我来说没有意义，不可理解。他借鉴胡塞尔的主体间性和生活世界来解释人与人的沟通。主体间性有两个方面的现象学意义：一方面，主体间性意味着相对于自我而言的他我、他人。对于一个主体来说，客体是一个他物，一个在我之外、与我相对的客体；而别的主体则是"他人"，一个在我之外、与我相对的另一个主体。这样，原来认识论的主客体的关系就成为现在主体与主体之间的关系：我作为主体是否以及为什么能够认识另一个主体以及另一个主体的存在如何对我成为有效的事实。另一方面，主体间性又涉及我与我们的关系。为什么有些东西对我有效却不对大家都有效，从而可以被认为是"主观的"；相反，为什么另一些东西对我有效却不对我们大家都有效，从而可以被认为是"客观的"。要达到主体间性的理解就涉及生活世界的知识问题。生活世界也是胡塞尔现象学的一个重要概念。在舒茨那里，生活世界被概括为"包含人所牵连的种种日常事务的总和"。处在社会世界中的人，其基本特点就是自然态度。它使人们认为生活世界是理所当然的现实。它从未成为一个"问题"，普通人根本就不会质疑它。普通人的社会行动都是以不言自明的生活世界为前提的，之所以这样，是因为社会行动意味着人与人的互动（不仅仅是面对面的互动）。生活世界正是人与他人交往的前提。在日常生活中，尽管每个人在时间和空间上所处的地位不同，视角亦不同，但生活世界却使我们相信，不同的视角是可以互换的。每一个自我都认识到，他人也在反思自己的行动，并且赋予其意义。行动的意义通过与特定社会场景的制度化相联系，使每个人的社会行动都成为可理解的。在生活世界中，我与他人的交往才可能在主体间性的基础上形成和发展。在主体间性基础上所形成的理解就成为普通人的库存知识。库存知识的共同特点表现在典型性上（typically）。即在对一个对象的现实感知中得到验证的东西转移到所有类似的其他对象上，这个东西仅仅以其类型而被感知。在日常生活中，典型化的程度取决于我们所面对的人和情景。越是面对匿名性的情景，我们就越多地采用典型性知识。如果我们面对直接性的场合，就有可能改变原来的典型性知识。这种普通人的典型性知识是对生活世界的常识建构，即一阶建构。舒茨还为我们描绘了社会科学家所进行的科学建构活动（因为世界是多重现实的）。这种建构活动是对社会行动者建构的建构，即二阶建构。舒茨的现象学社会学开始把我们从意义问题带入知识问题的地带，对日常知识和社会问题的强调开启了"社会学的认知转向"，对后来的社会实在建构论产生了深远影响。

彼得·柏格和舒茨的学生汤姆斯·乐格曼（Thomas Luckman）在《社会实体的建构——知识社会学》这部"柏格学派"或"建构学派"的作品中，从知识社会学的角度来切入日常社会世界。他们把知识社会学的范围从以前过分局限于理论知识扩展到日常知识，从而延伸到现实社会建构的整体进程，即"知识体系如何由社会建构成一种'现实'的各种过程"。他们认为涂尔干和韦伯对社会的看法是有问题的。涂尔干认为社会学的最基本规则是"将社会事实视为事物"，韦伯则说，"从目前的现实而言，社会学的认知对象应是行动的主观意义群"。但涂尔干和韦伯只是揭示了社会的一个方面。在作者看来，社会学理论的中心课题是：主观意义如何转成客观的事实性。他们沿着舒茨的思路，去探究日常生活行为的知识。这种知识的基础就是"主观过程的客观化，以及透过客观化过程而建构的互为主观（主体间性）的常识世界"。通过常识世界来理解人和社会的关系。人和社会是相互建构的。他们从两个方面进行了分析。

第一，社会对于人来说是客观现实。虽然人是生物有机体，是一个躯体，但人更是社会的产物，是社会的人。人与人之间所建立的社会秩序就不同于构筑在生物性基础上的自然法则。尽管有生物性因素的影响，但社会秩序绝非来自自然环境。"社会秩序仅是人类活动的产品，它无任何本体上的根据。其发生和存在都只是人类的产品而已，也是人不断外化的东西。"但社会秩序又是如何产生的呢？它来自于制度化，而制度化又植根于习惯化。当人们的活动不断地重复，形成一种模式，就会把当前和未来的同样活动视为理所当然，为活动赋予意义并提供稳定的基础。一旦行动者把某种习惯化的活动类型化，制度化就产生了。制度本身同时使行动者和个人行动类型化，这种类型化是通过角色的建构来体现的。角色一旦成为一种共同的知识库存，它便具有行为相互类型化的特性。经由角色的扮演，个人才能参与世界，也正因为角色的内化，才使这个世界在主观上成为真实。制度具有历史性和控制的性质。由于活动的类型化是在一个共享的历史过程中发生，因而，不可能抛开历史过程来了解制度。控制则孕育在制度化中，它早于某些特殊的制裁机构。当我们说人类活动已制度化时，就意味着人类活动已被纳入社会控制之下。只有在制度化过程不能实现控制时，才能设立控制机构。同时，当制度客观化并具有历史事实特性时，也会发展出一套特别的社会控制机构使社会化的过程得以继续，在这一过程中，制度必须宣称拥有凌驾于个人之上的权威，对情景的解释享有优先性，超越个人对制度的再正名。越来越多的行为制度化后，行为就容易预测和控制，也就被视为理所当然。正是在历史的作用下，通过类型化和习惯的升华（crystallized）和时间的积淀（sedimentation），制度获得客观化（建立与主体分离的客体世界）和外在化（脱离创造它的行动者），成为客观的现实。"无论个人是否喜欢，制度是外在于个人，并且持续存在于现实中。因此个人无法随意地拒斥制度，但制度可以抗拒个人的改变和规避。"制度化的加强不可避免地倾向惰性，具有自加强的作用，用经济学的术语来说就是"路径依赖"。所以，习惯化和制度化本身就是对人类活动弹性的限制。除非制度成为问题，受到挑战，它才会不情愿地发生变化。但是，制度的客观性不论具有多么大的强制力量，它仍然是人为的产物，客观化正是人类活动的外在化的过程，是人类活动已经客观化的结果。一旦客观的社会世界建立，物化现象也随之产生。物化是把人类现象理解为物，从超越人类的角度来看人类现象。它是客观化的极致。同时，制度要长久地维持，必须把它合法化。所谓合法化可定义为次级秩序的意义客观化过程，是一种解释与证明制度何以如此的方式，即说明制度存在的根据。比如，假设为甲乙二人建立的制度，对他们来说，不存在合法性的问题，因为他们可以通过对事物的记忆能力，而理解制度何以如此的原因。不过，对于新生代而言，由于制度原初的意义，不可能凭借记忆获得，因而，制度存在的依据会受到质疑。要想制度的意义能够传递下去，社会共同体只有通过种种说辞来为制度解释和正名。当新生代知道和理解了制度的意义后，制度的存在才有了稳固的根基，并可延绵。合法化的最高层次是象征性共同体。这种合法化为个人提供了经验的有序整合功能，安排了生活中的角色，顺序和操作程序，使"事物各得其所"。"越是抽象的合法化，也越不容易为交易的实用状况而修正，对局外者而言，一个制度即令丧失原有的功能和实用性，它仍会次序维持，个中的理由倒不在于制度是否有作用，而是在于它的正当，所谓正当与否，实在于共同体的专家们为实体的终极正名之故。"

第二，社会是主观的现实。社会虽然是外在于人的客体，但可以通过内化的方式而成为主观的现实。内化是对一个客观事物的理解和诠释作为表述的意义，个体的内化是通过社会化来实现的。社会化可界定为将个人持续且广泛地导入社会的客观世界之过程。社会化的过程分为两步：第一步是初级社会化，它是个人融入社会，成为社会一员的重要一环。初级社会化的关键是"概念化他人"（generalized other）。处在一个社会世界中的个体，总是会遇到形形色色的"意义他者"，这些"意义他者"给个人提供了直面的客观现实。个体对"意义他者"没有选择空间。个体要通过学习（以语言为媒介）来对"意义他者"的态度和角色进行抽象，实现与他者的一般性认同，即社会的认同。认同是主观实体的核心部分，通过认同，社会内化在个体的主观之中，个体成为社会的一员。初级社会化也就完成。初级社会化只是个人社会化的第一步。由于社会的分工和专门知识的社会分配，个人的社会化还需要伸展到更深入的领域，即次级社会化。它是已经社会化的人进入社会中的各种新的部门之过程，是社会化的第二步，是制度的内化过程。这样，知识在社会化中就被习得，也通过内化的方式，将客观的社会结构再度注入个人的意识之中。总而言之，"柏格学派"为我们描绘了一幅个人与社会互动，彼此建构的清晰画面。"社会，它是人在历史中所创造和所居住的世界。反之，这个世界也在持续的历史中创造了人。"这种辩证关系的中介是储存在记忆中的知识和体现在制度秩序中的角色。

对集体表象特别是分类形式的研究是社会建构论的一个重要方面。最早对分类形式进行研究的是涂尔干。英国人类学家玛丽·道格拉斯对这一问题重新挖掘。她反对集体行动的个体主义分析方法，即通过成本—收益比较的理性选择方法。她把目光更多地投向行动者在个人计算之前的就已经存在的东西。个人建构了制度和分类，反过来，制度和分类也给个人以认同的根源。如果说舒茨和柏格侧重从行动者的互动角度来理解社会和人的关系，那么罗伯特·埃利亚斯、布迪厄和吉登斯则偏向于从结构的角度来沟通个人与社会的关系，走出两者对立的陷阱。吉登斯是其中的代表人物，他的代表理论就是前面已经讲过的"结构化理论"，这里不再赘述。

第三章 教育功能的分类

英国人类学家玛丽·道格拉斯说:"允许我们进行思考的这些分类总是在我们进行社会生活的同时已经现成地提供给我们了。"比如"美"与"丑"、"贵"与"贱"、"大"与"小"等。这些分类的模式是所有社会制度的构成部分,它们把制度自然化作为理所当然的东西。正如前文所说,个人建构了制度和分类,反过来,制度和分类也给个人以认同的根源。

为了研究的需要,按照一定的标准和视角对客观对象进行分类,目的是从思维上将它们区分开来,便于研究。按照不同的标准,选取不同的视角,就会得到相异的结果。当然,任何一种分类都是相对的,绝对的分类是不存在的。对教育功能的分类,来自于对教育功能的认识。

自从有了教育,教育功能就客观地存在着。但是,人们对教育功能的认识有一个逐步发展、完善的过程。在古代社会,社会生产力水平普遍比较低下,在这样的背景下,无论是社会还是个人对教育的需求都是极为有限的,人们仅把教育看做一种适应、维护现存社会的工具。在这种情况下,人们对教育、特别是学校教育的功能,不可能进行深入、系统的研究。在这一时期,一些学者仅是在自己的著述中涉及教育功能问题。人们对教育功能问题进行较为系统的研究,开始于近代,特别是"二战"以后。在近代社会,随着资本主义制度的确立和生产力的飞速发展,社会和个人对教育的需求程度越来越高,形式越来越多样化,现存的教育能否满足社会和个人的需求,能否促进个人多方面的发展等问题逐步为人们所关注。在这种背景下,教育在社会进步、个人发展中究竟起怎样的作用、在哪些方面起作用等问题引起了学者们的重视和广泛的研究。

总之，正如迪尔凯姆所说，我们并不先验地知道，有生命之物的呼吸功能和循环功能是怎么样的，我们凭什么能力可以知道教育的功能呢？要知道教育有什么功能，应当回答（教育）这种培养由什么组成，它与什么事物有关系，它在满足人的哪些需要。然而，只有先考察它已经由什么组成以及在过去已满足了人的哪些需要，然后才能回答这些问题。①

第一节 教育的个体功能与社会功能

从教育的作用对象出发，教育功能可以分为教育的个体功能和社会功能。其实，个体与社会是无法截然分开的，正如杜威所说："受教育的个人是社会的个人，而社会便是许多个人的有机结合。如果从儿童身上舍去社会的因素，我们便只剩下一个抽象的东西；如果我们从社会方面舍去个人的因素，我们便只剩下一个死板的，没有生命力的集体。"② "无视个人的社会无法得到繁荣，无视社会的个人也无法取得成就。"③

一、教育的个体功能

个体即个人。个人是相对于集体或社会而存在的概念，集体和社会是个人的集合，没有个体便没有集体和社会。我们所指的教育的个体功能主要是指教育对学生个体身心发展产生的功效和能量。教育的个体功能是在教育过程中发生的，所以也称为教育的本位功能或内生功能。从人与社会的关系看，教育的个体功能包括教育的个体个性化功能和个体社会化功能。社会学认为，学习是人一生中的个人和社会经历，它会改变一个人的知识、态度和行为方式。对于这样的"经历"，没有一个社会任其自由发展。教育正是一个社

---

① 迪尔凯姆：《教育及其性质与作用》，转引自《国外教育社会学基本文选》，张人杰主编，上海：华东师范大学出版社，1989年版，第6页。

② 约翰·杜威：《学校与社会·明日之学校》，赵祥麟等译，北京：人民教育出版社，2005年版，第5页。

③ 小原国芳：《全人教育论》，转引自张人杰、王卫东主编《20世纪教育学名家名著》，广州：广东高等教育出版社，2002年版，第306页。

会指导这样的学习经历的正式设置。① 因此，在历代社会学家看来，教育最主要的个体功能是使个体系统地社会化，而总体看来，社会学家们对教育的个体的个性化功能的研究较少。这并非是因为社会学家没有意识到教育还有促进个体个性化的功能，而是他们普遍没有把培养具有相对独立性的个体当做教育追求的目标。

如迪尔凯姆认为："每出现一代新的儿童时，社会就面对着一块应在上面重新开始建设的几乎是光秃秃的土地。社会应当在刚产生的利己主义的和不适应社会生活的人格中，通过最快的途径，添上使之能够适应道德生活与社会生活的另一种人格。这就是教育的使命，可见教育十分重要。教育并不局限于在个体本性的意义上使他得到发展，即不限于使个体所隐藏的，而且只需要表现出来的能力得以显示。教育是要在人的身上塑造新的人格。"②

迪尔凯姆认为教育不可能像康德所说的那样"使每个人都达到他所能达到的充分完善"，因为"分工和专业化"使我们不得不履行某些特定的职责。教育的个体功能就是塑造"社会我"。他论述道："在我们每个人身上，可以说都存在着双重人格，这种双重人格尽管不可分离（除非抽象地加以分开），但确有区别。一种人格仅仅由整个与我们自身、我们个人生活中的事件有关的精神状态所组成，可以把这种人格称为个体我。另一种人格是这样一种思想、情感和习惯的体系，即在我们身上表现的不是我们个人，而是我们作为其中一个组成部分的社群或不同的社群。宗教信仰、道德信仰与习俗、民族传统或职业传统以及各种集体信仰，就是这样的体系。这种体系的总和便是社会我。塑造社会我，这就是教育的目的。"③

默顿指出，迪尔凯姆此时是从"主观愿望"的角度，以当时

---

① 戴维·波普诺：《社会学》，北京：中国人民大学出版社，1999年版，第418页。

② 迪尔凯姆：《教育及其性质与作用》，转引自《国外教育社会学基本文选》，张人杰主编，上海：华东师范大学出版社，1989年版，第10页。

③ 迪尔凯姆：《教育及其性质与作用》，转引自《国外教育社会学基本文选》，张人杰主编，上海：华东师范大学出版社，1989年版，第9页。

他所处的法国的实际情况为基础,强调教育必须具有这样的个体功能,可以看做教育的个体功能的"应然"研究。而对教育的个体社会化功能进行"实然"研究的,首推帕森斯了。帕森斯在《作为一种社会体系的班级:它在美国社会中的某些功能》这篇著名的文章中,以美国教育体系为例,考察了学校的个体社会化功能和选择功能。他认为:从功能的观点看,班级可以被看做一个社会化的机构。这就是说,它是培养学生个性品格,使他们在动机上和技能上都能胜任成人角色的一种机构。虽然这种机构不是唯一的,但到就业或结婚这一段时间里,班级也许可以被看做一个主要的社会化机构。社会化功能也许可以概括为个体责任感和能力的发展,这些责任感和能力对于他未来的角色扮演是最基本的前提。责任感可依次分解成两个部分:履行广泛的社会价值的责任感和先成社会结构中某一特定类型角色的责任感。

　　因为社会的不完善和掌握教育主动权的社会对教育的个体社会化功能的过分强调,教育已经遭到了来自各界的批评。如很多人不无伤感地发现,尽管受教育表面上是在追求自我实现,本身就是目的,不是任何制度的手段。然而所谓自我实现,有很多时候,无非是指达成这种市场经济社会所期许的目标,实际上正是社会诱因制度(incentive system)的一部分。个人常以为是自己的主人,实际上往往只是社会的奴隶,在名缰利锁的支配下,为了社会目的而辛劳不息。

　　萨缪·鲍尔斯(Samuel Bowles)和赫伯特·金迪斯(Herbert Gintis)的经典批评则引起了很大的反响。1976年,鲍尔斯和金迪斯合著的《资本主义美国的学校教育:教育改革与经济生活的矛盾》认为,由于资本主义结构的等级化、分工化,不同的工作需要不同的个性特征。高等职业如经理、高级行政管理人员等工作,需要很强的独立性,较强的自尊心,多疑多问及进取创新的精神等个性特征。低等职业如秘书、打字员、勤杂工等则需要准时上班、循规蹈矩、少疑少问等个性特征。故此,要生产顺利进行,就需要有这种不同个性特征的人。但这些个性特征不是生来具有的，是要通过教育系统地培养的。因此，教育的这种社会化功能又是一个个性"差异性"的社会化过程。一般来说，资产阶级的子女有更多机会进入一流学校，培养出自尊、自重和富有创新进取精神的个性，毕业后能找到高等职业岗位。贫困家庭的子女往往在条件差的学校上学，养成遵守规章、盲目服从的个性，以适应毕业后进入低等职业工作岗位的需要。就是说，学校教育为不同社会阶级的人培养不同的个性特征，以便他们将来能在不同的职业岗位上工作；不同社会经济背景的人，由于受到不同教育而养成不同的个性特征。

反思上述研究，人们重新呼吁，要让教育的个体功能回归本位，回归内生。教育要以促进人的个性化为主要任务，提供让人类求知的自然动力，把教育变成可以享受的一种快乐过程，让孩子们感受到教育就是要为每一个人服务，使每一个儿童先天获得的遗传素质得以充分发展。具体来说，当代社会期望的教育，就是要引导每个人得到智慧，即拥有自由自在地思考，没有公式，也没有疑惧地去思考的状态与能力。智慧使你发觉到什么是"真实"的，什么是"对"的。真正的教育是要使我们能"发觉"而非"模仿"。人活着，最要紧的是去发挥自己的潜能，而唯有处在自由状态之中，人才能有连续的内在革命。只有当你不断地自我反省发问，才能不断地学习，接近真实和自我实现。

学校作为一种社会组织机构，在整个社会体系中承担着重要的社会职能，其中学校教育的社会化功能主要是促进受教育者成为社会合格的一员。在不同的社会历史时期，学校教育的社会化功能随着社会条件的变化而变化。

古代社会，教育主要为统治阶级服务。人类进入文明社会（包括奴隶社会和封建社会）以后，社会生产力有了较快的发展，社会生活也向多元化方向发展，原始社会的教育已无法满足社会的需要，人们在社会生活中所必需的职业技能和道德价值观已无法从一般的社会化过程中获得，于是出现了专门的教育机构——学校。学校教育的发展使教育的社会化功能得到分化和加强。古代学校是为统治阶级（奴隶主、封建主）的子女而设立的，古代教育就具有明显的阶级性和等级性，因此，教育促进个体社会化的功能主要表现出为统治阶级子女服务的功能。

在现代社会中，学校教育不仅是促进个体社会化的重要工具，而且是促进个体专业化的重要手段。在现代社会中（包括社会主义社会和资本主义社会），社会生产力水平得到了高度发展，科学技术和社会知识总量得到了迅猛的增长，社会制度和社会关系日益复杂化。所以，现代社会中个体社会化的过程已成为个体不断适应社会、适应专业分工、适应劳动变换的专业化过程。个体不仅要为成为一个社会成员作好准备，而且要为成为一个专业人员作好准备。为了适应现代社会各种职业角色和具有高度专业化的职业特点，社会成员不仅要具有高度专门化的知识、技能，还要具有迅速适应职业角色变换的能力。这些都必须由学校来承担。因此，在现代社会中，教育作为促进个体社会化和专业化的重要手段是其他社会机构所无法替代的。

二、教育的社会功能

教育的社会功能是指教育所具有的促进社会的发展的功效和能量，它是相对教育的个体功能而言的。从教育作用的对象上讲，教育的社会功能可分为教育的经济功能、政治功能和文化功能。而从教育作用的方式上讲，教育的社会功能可分为教育维持社会运行的功能（以下简称教育的维持功能）、适应社会变革的功能（以下简称教育的适应功能）和建构社会未来的功能（以下简称教育的建构功能）。教育的社会功能分类的更详细分析留在后面，这里仅就教育的社会功能与个体功能的关系作些说明。

人是社会的主体，人类社会的最高理想是使人得到全面、自由的发展。人是教育的对象，教育本质上是培养人的活动，教育促进人的身心发展是由教育本质所决定的，教育促进人的身心发展功能是客观的。教育是培养人的活动，教育对社会整体发展的功能的实现是以教育促进人的身心发展功能的实现为前提的，从这个意义上说，教育促进人的身心发展的功能制约着教育对社会发展的功能。人是社会的人，是具体的、现实的人，人的身心发展不能脱离社会，要受一定的社会条件制约。社会的发展又不断地为人的身心发展创造条件，从这个意义上说，教育对社会的整体发展功能又制约着教育促进人的身心发展的功能。同样道理，教育对社会各个领域的功能与教育促进人的身心发展的功能之间也是相互联系、相互制约、相互促进的。在教育过程中，教育把一定社会对人的发展的要求转化为学生个体的身心发展，这种发展必然能促进经济、政治和文化等的发展，必然能维持社会的良性运行、适应社会的积极变革、建构社会的美好未来，从而在教育过程中就实现了教育的个体功能与社会功能的统一。而教育促进经济、政治和文化等的发展的功能，维持社会的良性运行、适应社会的积极变革、建构社会的美好未来的功能，又必须通过学校为社会提供的毕业生，通过毕业生个体身心发展对社会生产和社会生活的作用来实现，也就是说，它是毕业生个体身心发展在社会运行中发挥作用的结果，是教育的个体功能外化的结果，这样，教育的社会功能与教育的个体功能，就在符合一定社会对人的发展的要求的教育中和社会运行中实现了统一。

第二节 教育的正向功能与负向功能

默顿认为，功能是一个中性的概念，有可能是正向的，也有可能是负向的，因此，教育功能也有正、负向之分。教育正向功能和教育负向功能是一对截然相反的概念，作为一种社会事实客观地存在着，并有其存在的基础。对其进行研究，有助于深化对教育功能的认识，同时，对推进中国的教育改革也具有重要意义。

一、含义

教育的正向功能是一种积极的主导性的功能；教育的负向功能是一种消极的非主导性的功能。要具体分析教育是对社会和个人同时起正向（或负向）作用，还是对社会或个人的一方起正向（或负向)作用,而对另一方起负向(或正向)作用。这实际上涉及默顿所谓的"功能助益单位"问题:"我们已经看到进行'整个社会'履行某些功能的分析之困难。因为事项可能对某些个人和某些次团体有功能,而对其他人和其他次团体则有反功能,因此必须考虑到这一事项对各种单位的后果,这些单位包括:处于不同地位的个人、次团体、较大的社会系统,以及文化系统。"① 笼统地说教育具有正向功能抑或是负向功能在实践上是没有多少意义的,在理论上也是没有多少价值的,因为教育本身存在多种层次和类别,社会和个体发展都有多个维度,对此不加以区分,就难以对教育功能进行较深刻的分析。

我们认为教育具有正、负双向功能,同时又注意到教育本身的复杂性、教育功能助益单位的复杂性。具体而言,在承认教育具有促进社会和个体发展的积极作用的同时,还对教育可能产生的消极作用给予足够的重视,这主要涉及教育功能的判别标准问题;在考察教育对于个体发展所起的作用时,不应离开教育的社会功能;我们要探讨的是具体教育的功能而不是抽象教育的功能。

二、判别标准

首先应解决的是教育功能方向的判别标准问题。从目前来看,大体上存在两种标准,其一是"系统维持标准",即以教育的功能对其所在社会的存续而言是贡献性的还是损害性的作为判别标准,若为前者,则为正向功能,若为后者,则为负向功能;其二为"社会进步标准",教育的功能是推动社会向文明进步的方向发展则为正向功能,阻碍社会向文明进步的方向发展则为负向功能。这两种判别标准都有一定的道理,不过,他们用来作为教育社会功能的判别标准似乎更为适切。在这里,我们采用的教育功能方向判别的标准是,如果一种教育功能有助于社会的维持和发展,有助于个

---

① 罗伯特·金·默顿:《论理论社会学》,何凡兴等译,北京:华夏出版社,1990年版,第189页。

体形成反思、批判与革新的意识,有助于个体更好地发展,则该功能为正向功能;反之,为负向功能。

其次,在探讨教育对于社会和个人发展所起的作用时,必须分别进行考察,而不应把两者混在一起。教育对社会和个人所起作用的方向并非都是同向的,而是存在不同的组合,如表3-1① 所示:

表 3-1　　　　　教育的正向功能和负向功能

方向\类型		教育的社会功能	
		正	负
教育的个体功能	正	A	B
	负	D	C

表中字母的意义分别是:

A:教育对社会和个体发展均为正向功能,如素质教育;

B:教育对社会发展为负向功能而对个体发展为正向功能,如卢梭针对法国当时的黑暗社会提出的自然教育;

C:教育对社会和个体发展均为负向功能,如片面追求升学率的教育;

D:教育对社会发展为正向功能而对个体发展为负向功能,如伊里奇所谓的现代资本主义社会的教育。

最后在探讨具体教育对个体的作用时,不应把个体看做抽象的,而应把个体看做有区别的。如教育对男性和女性发展所起的作用在方向上并非完全相同,如表 3-2 所示:

---

① 胡振京:《教育正负功能观的社会学分析》,曲阜:曲阜师范大学,2002,第 35 页。

表3-2　　　　　教育的正向功能和负向功能的表现

方向\类型\方向		教育对男性的功能	
		正	负
教育对女性的功能	正	A	B
	负	D	C

表中字母的意义分别是：

A：教育对男性和女性的发展均为正向功能，如建构在社会性别公平理念基础上的教育；

B：教育对男性发展为负向功能而对女性发展为正向功能，如极端女权主义者主张的以女性经验、知识等为基础的教育；

C：教育对男性和女性的发展均为负向功能，如男女分校的教育；

D：教育对男性发展为正向功能而对女性发展为负向功能，如传统的性别化教育。

应指出的是，在辩证多维教育功能中，以上四个方面不是截然分开的，而是一个有机的整体。如果把它们割裂开来，就可能产生一些教育正向功能观或教育负向功能观所固有的片面性。

第三节　教育的显性功能与隐性功能

从作用呈现形式看，教育的功能可以分为教育的显性功能与隐性功能。显性功能（manifest function）是主观目标与客观结果相符的情况；隐性功能（latent function）与显性功能相对，指这种结果既非事先筹划，亦未被觉察到。可见，显性功能是有目的实现的功能，而隐性功能是主观愿望之外的意外结果。教育的显性功能是依照教育目的，教育在实际运行中所出现的与之相符的功能。正如默顿所说，显性功能的关键问题是："人们有意设立的行为方式或组织有没有达到它的目标？"[①] 教育是一种有目的、有意识的活动，

[①] 罗伯特·金·默顿：《论理论社会学》，何凡兴等译，北京：华夏出版社，1990年版，第104~105页。

在当今世界，它以国家或地区为单位分别进行，因此，我们考察教育的显性功能时，求证教育的运行是否达到了它当初设定的目标就可以了。教育的隐性功能是伴随教育的显性功能所出现的非预期的功能。一种行为方式的隐性功能不属于常识的范围，因为这些不是行动者所预期的，而且是未被发觉的社会与心理的后果。发现隐性功能，不仅使某一社会模式的功能概念更加精确，而且改进原有知识状态的品质。下面对显性功能与隐性功能进行一些方面的比较：

一、认知教育的显性功能与隐性功能

在认知方面，教育的显性功能主要体现在学科知识体系的教导方面，教育的隐性功能则辅助其注重和引导知识的学习。显性学科教育以认知教育为基本方式，以课堂灌输和理性说教为主要特征，但是，它需要与隐性教育相衔接。同学科教育（显性教育）相比，隐性教育在促进知识内化和知识向能力、素质的转化方面具有更大的作为。因此，隐性教育过程不但不排斥认知，反而以认知为起始点和发展条件，它在帮助学生反刍课程知识的同时，着重引导学生学习那些非公开性、教育性经验。

二、养成教育的显性功能与隐性功能

经过对学校德育实践的大量考察，不难发现隐性教育最重要的作用是德育功能。德育在隐性教育中的显要位置，主要不是因为德育对于传统教育定位的影响，而是因为它反映了德育的特殊本性和机制的客观要求。学校德育工作主要由道德认知和道德养成两部分组成。思想品德课程教学活动这些显性教育以灌输道德伦理知识为主，并通过"读"、"记"等手段实现并考察其教育效果，获得其认知的显性教育功能。道德认知教育虽然是品德构建的重要前提，但是，德育课程学习成绩并不等于实际思想道德水准。说到底，道德认知不过是进入道德"殿堂"的"钥匙"，而道德情感、道德意志、道德行为等，才是人们孜孜以求的道德"真藏"。德育工作的目的在于将系统的道德知识逐渐内化为主体素质，这种"内化"功夫便是隐性的品德教育过程。养成是品德构建的主要方式。道德

73

养成的过程，亦即体验道德情感、磨砺道德意志、磨炼道德行为、修炼道德人格的过程。在实践中，主体道德意识向道德行为的转化是一个非强制的渐进的过程。学生通过暗示、舆论从众机制产生潜在心理压力和动力，自觉规范约束自己的行为，逐步形成良好的道德习惯。不仅道德素质依赖于养成过程，个体的生活作风、心理素质、审美品质以及各种能力的培养，无不需要通过长期的潜移默化的隐性养成来实现。

三、素质整合教育的显性功能与隐性功能

现代教育的目标定位应是培养知识面宽、能力较强、个性完善、素质全面的新型人才。对此，学科教育担负着主要任务，提供了重要的认识基础。但是，由于受到教育内容、方式、环境、时空等的局限，难以最大限度地发挥素质整合的效能。相比之下，隐性教育同素质整合有着更为广泛、更为直接的相融性，它从机制上为主体的素质生成与整合提供了诸多有利条件，从而成为实现素质整合的又一重要途径。它为学生提供了综合性的学习内容，利于克服学科教育在培养能力和非智力因素方面的缺失，进一步满足了人才结构合理化要求。隐性教育具有育人环境的开放性、真实性和相对完全性。学生通过丰富的文化活动、和谐的人际关系、健康的教风学风与多彩的集体生活，陶冶情操、锻炼心智、净化灵魂和感悟人生。隐性教育还具有方法、手段的灵活性，运用情境感染、人际交往、舆论引导、磨砺教育等方式，培养学生的独立生活能力、科学思维能力、社交能力、职业能力、组织能力乃至休闲能力，以实现预期社会化教育要求。

划分隐性与显性功能可以让我们注意到功能的表层与里层的情况与联系，特别是隐性功能并不是我们可以预计的和控制的，在厘清隐性功能与显性功能的关系之后，我们可以对之加以研究，从而发现和解决问题。

第四节 教育的政治、经济、文化功能

教育作用对象的社会领域可分为经济领域、政治领域和文化领

域，因此，教育作用于社会各领域的功能主要是教育的政治功能、经济功能、文化功能。

一、教育的政治功能

教育的政治功能主要是指教育要传播一定的政治意识形态，使受教育者学习社会所要求的政治行为和政治态度，完成政治社会化以及为社会选拔培养政治人才，为巩固一定社会的政治制度而服务。教育对社会政治的作用有两个不同的结果。当教育反映的是先进阶级的利益时，教育就对社会的发展起到推动作用；当教育反映的是落后阶级的利益时，教育就对社会的发展起到阻碍作用。当教育服务于某阶级时，就对某阶级的政治具有巩固和促进作用，对对立的阶级具有破坏作用。因此，如何认识教育的政治功能很可能带有强烈的意识形态倾向。

在封建社会，教育只是少数贵族和富人的特权，广大劳动人民被排挤在学校门外，可见，古代教育的政治功能极为明显。后来，随着教育的普及，教育大众化程度的提高，现代教育的政治功能有所衰退，且随着政治现代化和民主化的发展，其性质和内容均有所变化。但不管怎样，教育总是从属于一定的政治，并为其服务的。占统治地位的阶级总是要求教育能培养出自己所需要的人，并通过教育传播所需要的政治思想观点、道德风尚、社会舆论，以此来为巩固社会政治制度服务。要实现政治现代化和民主化必须破除一些落后的思想观念，增强社会的民主、法制意识，提高全民的素质。而发展教育，不仅可以培养大批卓越的政治人才，而且能造就高素质的公民。由于公民的文化水平和素质普遍提高，他们便可以广泛地参与和关心政治大事，民主、法制的社会才能更快地发展。

二、教育的经济功能

教育的经济功能主要指教育对社会生产力的发展具有促进作用。现代教育具有促进经济发展的功能，早已为人们所普遍认识。马克思认为，教育会生产劳动能力。邓小平更明确地指出："我们国家，国力的强弱，经济发展后劲的大小，越来越取决于劳动者的素质，取决于知识分子的数量和质量……中央提出要以极大的努力抓教育，并且从中小学抓起，这是有战略眼光的一着。"① 它主要表现在以下几个方面：

一是教育是实现劳动力再生产的手段。马克思主义认为，人是生产力中最重要的因素。这里所指的人是指具有一定的生产经验、知识和劳动技能的人。当人还不具有任何科学知识和生产经验、劳动技能时，只能是一种可能的生产力。我们常说科学是知识形态的生产力，可是当科学知识还没有转化为生产工具并为劳动者所掌握时，它还只能是一种生产的精神潜力。教育的一个重要作用是使上述这两种可能的、潜在的生产力结合起来，也就是使科学知识与人结合起来。教育的过程，从某种意义上说也就是把可能的生产力转化为直接生产力的过程。在当代社会中，教育的这种转化作用，随着生产力的高度发展而显得更加重要。这主要是因为现代化的生产是以现代的科学技术为基础的生产，现代科学技术在生产上的广泛采用，要求劳动者必须具备生产技术和工艺规程方面的较高的理论基础知识。因此，各种专门劳动力的再生产就越来越依赖学校教育，如果离开了教育对于人的培养和训练，不通过教育来实现科学与人的结合，也就不可能有现代化的生产。据统计，一个熟练工人接受一年的科技文化教育，比工人在工厂工作一年，工作效率平均能提高1.6倍。另据1983年有人对长春第一汽车制造厂底盘分厂作过的有关调查，在损坏工具的工人中，高中程度的占9%，初中程度的占91%。

教育对人的劳动能力的提高，表现为教育可以提高劳动力的素质，改变劳动力的形态。教育中的普通教育尤其是义务教育，可以通过普通文化科学知识的传授，提高整个民族的科学文化水平，从而大面积提高劳动者的基本素质。教育中的专门教育即职业教育可以把具有普通文化素质的劳动者转变为某一行业的专门劳动力，或者把原先属于某一行业的专门劳动力训练成为另一个行业的专门劳

---

① 邓小平：《邓小平文选》，第3卷，北京：人民出版社，1993年版，第120页。

动力，改变劳动力的形态。总之，教育通过劳动力的再生产，使劳动力适合社会生产的需要，进而提高社会生产力，促进社会经济的发展。实际上教育对于人的劳动能力的提高不仅体现在掌握一定的科学知识和生产技能上，而且还体现在教育可以帮助劳动者形成与现代经济发展相适应的劳动观点、态度和行为习惯，以完整地塑造适应现代经济发展的个体。虽然经济学中严格意义上的劳动力素质不包括文化、思想素质，但从近些年的经济发展中人们已经注意到了市场经济运作中的非理性因素的作用，强调人的文化修养、精神境界和心理素质对经济发展的影响。

二是教育是实现科学知识再生产的方式。教育的基本职能是向受教育者传授科学知识，在学校里通过教学，在较短的时间内把人类社会数千年积累起来的科学知识同时传授给许多学生，使知识的传授实现高效率。正如马克思所说，这种再生产科学所需要的劳动时间，同最初生产科学所需要的劳动时间是无法相比的，例如学生在一小时内就能学会二项式定理。通过这种科学知识的再生产，使科学知识得到普及，先进的生产经验得到推广，从而起到提高劳动生产率，促进生产力发展的作用。

学校不仅是再生产科学知识的重要场所，而且也能生产出新的科学知识。因为现代的高等学校能够利用它本身学科齐全、人才云集、学术思想活跃、信息来源丰富的优势，积极从事科学研究，对生产新的科学知识和技术作出重要的贡献。从世界范围看，高校师资是一支科研生力军，它约占全国科研人数的三分之一至二分之一。如中国1993年共有242.63万名科研人员，其中高校科研人员约占32.2%。高校每年承担约10万项课题，取得上万项的科技成果。1995年高校承担的国家科研基金项目占总数的60%，在自然科学奖、国家发明奖、国家科技进步奖中获奖项目分别占同类获奖项目总数的二分之一、三分之一、四分之一，在科技成果推广、应用中为社会创造效益达上千亿元。再如美国约有150个高科技工业园，美国的"硅谷"以斯坦福大学的高科技力量为强大的后盾，拥有8所大学、9所社区大学、32所技工学校和4 300多家企业公司。日本、英国、德国、新加坡、韩国等都有为数不少的科技工业园区。中国在北京（中关村）、天津、上海、武汉、广东、深圳、安徽、江苏等地建立起高科技开发区。目前，世界发达国家都重视产、学、研相结合，以高校为龙头，组成"高科技工业园"。

三是教育是优化人力资源结构的途径。教育一方面依照社会生产的需要和可能再生产劳动力，另一方面，教育尤其是现代教育，也可以通过劳动力的再生产来优化人力资源结构，以便为经济结构的调整和优化升级提供智力支持。如果说教育以往对经济结构消极适应较多，那么，现代教育对经济结构的消极适应性正在逐步减弱，积极地适应与改善生产结构、经济结构的作用正在日益增强。这种积极的适应与改进，主要通过提高劳动者的素质，促进劳动者的合理流动来实现，这种流动既来自横向也来自纵向。教育不仅能根据社会产业结构、职业结构的变化需要来调整自身的结构，而且能预测未来社会产业结构、职业结构的发展变化趋势，主动调整各种结构来促进社会产业结构、职业结构向合理化的方向转化。教育预测学、教育未来学在世界各国的蓬勃兴起，必然会使教育更好地发挥这种作用。

三、教育的文化功能

教育的文化功能主要是指教育选择、传递、保存、创造、更新文化的功能。人是文化的主要载体，教育的对象是人，教育的文化功能也主要是在对受教育者实施教育的活动中实现。就教育的文化功能来说，发展教育可以提高全民的科学文化水平，以形成与可持续发展思想相一致的文化思想意识形态。教育作为社会文化的一个组成部分，一个特殊的要素，必然要受到社会文化的制约。教育的结构、功能及其运动规律必须服从于社会文化的整体要求，社会文化构成了教育生长的土壤和条件，教育只有适应社会文化环境才能获得生存和发展；但是，教育作为社会文化的一个部分，有其相对的独立性，有自己的结构、功能和发展规律。它并不完全依赖于社会文化环境，它对社会文化环境的适应也不是一种被动、消极的过程，教育对社会文化环境同样具有选择作用和制约作用。教育一方面服从于环境条件，另一方面即使仅仅通过教育所产生的关于环境的知识,它也必然会影响这些环境条件。因此,教育有助于产生它本身转变和前进的客观条件。教育在传承和再现文化的过程中,调节、促进或阻碍着社会文化的传承和变异,影响着社会文化演化的进程。具体来说,教育的文化功能表现在以下几个方面。

第一,教育的文化传承功能。人类文化是人类生产与社会生活的产物,但同时又是人们新的社会生活和社会生产的基础和必要条件。由于人们的价值观念、社会生活的风俗与规范,人们的审美情趣以及人类文化的所有特质不可能通过遗传的方式获得,而只能通过传递的方式继续并发展下去。因此,教育从一开始就成了传递和保存人类文化的重要手段。实质上,也正是从这个意义上说,教育是人类社会的永恒范畴。

自从人类走出原始社会,文化就大大地丰富起来,到了现代社会,借助于书刊文字、胶片和磁带以及各式各样的实物,已经积蓄成一个浩大无比的宝库。人类文化的传递经历了三个历史阶段:第一阶段,文字出现之前,文化主要依赖同代人和上下代人之间的口耳传授而获得传递和保存;第二阶段,文字出现以后,文化的传递除了口耳传授外,更依赖于文字记载和有系统的教育;第三阶段,人类通过包括教育在内的多种途径传递文化,而且随着现代化视听设备的发展,文化交往的时空界限已经冲破,人们可以通过各种传媒渠道,真切地感受到不同社会制度下的各种文化,这就使得人们更加重视教育在选择、整理、传递和保存文化方面的功能。教育的重心已经转移到帮助人们掌握浩瀚文化海洋中的最基本的要素,与选择、使用、储存和创造文化的基本手段、基本方法。由于这些手段越来越精细和复杂,文化的传递就将越来越依赖于系统的教育。同时,仅仅通过物质或借助于物质载体客观地、外化地保存人类精神活动是不够的,还要有能够理解和使用这些物质载体的人,否则这些物质将毫无价值。因此,社会的所有教育机构,尤其是学校,通过系统地向受教育者传授文化知识,使文化在全社会得以普及和提高,并且也使文化中的精华代代相传。此外,文化中还有相当一部分不是以物或物化形式而存在的,而是以人的活动形式、心理、行为方式存在的。这部分文化的延续,就必须要通过人才能实现。

总之，社会文化的延续离不开系统的教育，教育具有传承文化的功能。值得注意的是，教育对文化的这种传承是有选择的，不是将社会文化进行"复印式"的传承，而是有选择性地传承。

教育之所以能担负起上述任务，主要有三个方面的原因：第一，教育离不开确定教育内容，而确定教育内容的过程实际上就是选择文化的过程。在现代社会中，人们用最精粹的文化要素去影响青年一代。这是解决人脑容量的有限和文化的无限这对矛盾的一个重要方面。第二，教育离不开编写教材，这实际上是整理人类文化的过程。把知识用人们最容易接受和理解的形式分别组织起来，可以帮助人们学到更多的人类文化。第三，青年时期是一个人长知识、长身体和形成各种观念、行为习惯的重要时期。在这一时期，通过教育向青年一代传递什么样的文化体系，对今后社会文化的发展的影响至关重要。成功的教育往往可以帮助青年一代掌握社会核心文化的主体，从而使各种亚文化与核心文化保持协调。

第二，教育的文化融合功能。教育的文化传承功能是教育的较古老的功能，随着教育的发展和社会的日益开放，教育的文化融合功能日益凸显，而且具有加速文化融合变异的功能，极大地影响着社会文化的走向。这是由教育系统自身的特点所决定的。因为，在教育活动中，可以根据受教育者的身心规律，进行有目的、有意识、有选择的文化输入，而且受教育者是青年一代，对于新的文化更易吸收和接受，这种输入不仅定向而且带有一定的强制，更易于将特定文化输入并再生。

各民族文化的广泛接触和交流，为人们对各种文化进行比较提供了条件，亦加快了各民族文化的相互吸收，现代教育在这方面扮演了极为重要的角色。如日本在明治维新后，开始了现代化的步伐，大量吸收西方先进国家的文化成就，学习他们的政治、经济及社会制度，甚至衣着饮食习惯。东西方两种文化的广泛接触和交流、融合，加快了日本的现代化进程。再如美国是个移民国家，这些移民来自不同的国家，也带来了不同民族的文化。美国政府认识到移民教育是促进不同移民文化融合的重要途径，先后开办了夜校、成人班、职业班和暑期学校为成人移民提供教育,传授美国文化,并颁布强迫入学法使移民的后代受到系统的教育。这在客观上不仅促进了本土文化与移民文化的融合,更重要的是,通过对移民文化中各种先进文化教育思想的吸收、借鉴,并与美国当时的教育实际相结合,形成了美国自己的教育思想。英国群众兴学的惯例和教育上自由发展的成训,法国启蒙学者的民主教育思想和教育国家性原则,普鲁士初等学校的成规,高等学校的学术研究以及坚强有力的教育领导体系,瑞士裴斯泰洛齐的尊重个体、崇尚自由、人格感化和直观教学等,结晶为美国教育的精髓。可以肯定地说,美国教育如果不向法国吸收民主的教育思想,就难以敏捷地从抄袭英国的泥潭中彻底自拔,其获得明确的办学方针就不会那么爽利;如果不向德国学习兴学育才的办法,就难以迅速有效地建成教育领导体制,就会推迟各级学校现代化的日程;如果不向裴斯泰洛齐的教育实践学习,就难以促使初等学校工作心理学化,就会拖延教育科学化的进程。实际上,教育在促进文化融合的同时,也使教育自身更加融合。

第三,教育的文化创新功能。教育在具有融合各种文化功能的同时,对文化还具有创新的功能。对此,我们可以从两个方面来理解。其一,在现代教育中,教育者对作为教育内容的文化素材,已不是简单机械地照搬,而是根据教育原理和各种文化素材的特点进行再加工和再创造。此外,现代学校总是用科学眼光看待民族文化中的一切特质,否定其中丑恶的东西,倡导科学的民俗习惯和价值观念。其二,以科学研究为主要形式的文化创造活动,已经成为现代教育,特别是高等教育不可缺少的一个组成部分。前面我们已经提到各国高等院校的科研力量是社会科研不可或缺的组成部分,而且由于现代文化发展的步伐太快,如果把教育与科研完全割裂开来,学生就无法学习最新的知识并掌握进行科学研究的方法。

具体来说,中国是人口众多的发展中国家,将长期存在庞大的待教人口,教育发展的任务还相当繁重而艰巨。对于发达国家来说，也要通过发展和改革教育来解决人们思想意识方面许多深层次的问题，树立先进的观念，不断提高人的素质。有些国家富裕之后出现了种种"社会病"，诸如精神颓废、良心泯灭、道德沦丧、人性淡漠、极端个人主义、社会治安恶化等。这就迫使人们不得不反思，西方文化在带来物质文明的同时，也滋长了许多精神垃圾，这就要求教育在塑造下一代的时候须作必要的调整，要教育人们树立新的道德风尚和科学的思想观念。总之，要满足全体人们日益增长的物质文化需要，必须大力发展教育。要积极发展和改革教育，全面提高全民的科学文化素质，促进古今东西文化的融合，创造发展新文化，尤其要使妇女首先在文化上求得解放与平等，培养下一代接受和睦、宽容、公平的观念，缩小各种文化隔离的界限，填平代沟，荡涤胸襟，淡化自我，尊重他人，使可持续发展的思想广泛传播并根深叶茂，由一种思想观念变成一致的自觉行动。

值得注意的是，社会的整体包括政治、经济、文化等领域，从这个意义上说，教育对社会整体发展的功能包含了教育对社会各个领域的功能，是教育对社会各个领域功能的综合体现。但是，它不能代替教育对社会各领域的功能，正像整体的功能不能代替部分的功能一样。另外，教育对社会各领域的功能是丰富的，除了教育的政治功能、经济功能、文化功能以外，还有教育的人口功能、教育的环境生态功能等，这些都是具体的、生动的，不是能简单代替的，在此我们不一一列举。反之，教育对社会各领域的任何一个功能都是局部的、部分的功能，也不能代替教育对社会整体发展的功能，教育对社会整体发展的功能和教育对社会各领域的功能都是客观存在的。我们从教育对社会整体和教育对社会各领域两个层面上认识教育对促进社会发展的功能，能深化和丰富对教育的社会功能的认识，有利于更好地发挥教育的社会功能。

第五节 教育的维持、适应、建构功能

前面已经提到，帕森斯认为，从人类社会行动大系统意义上理解的社会结构具有四种功能：模式维持、整合、目标完成和适应的

功能。模式维持的功能体现了行动的社会子系统与行动的文化子系统之间的联系,其目的在于维持建立在终极实在取向基础上的社会最高指导原则。在行动大系统中执行模式维持功能的要素主要是宗教、习俗、政治、法律等文化价值和行为规范,社会子系统和文化子系统把对终极实在的信念和认识变为文化价值和行为规范以维护社会秩序并指导人们在物质世界的行为。整合功能体现了行动的社会子系统中各个部分与整个社会或行动大系统之间的联系,其目的在于实现社会整体组织和整体运行的协调一致,使每一个分化了的子结构为履行其功能而不断提高适应能力。执行整合功能的要素主要是作为社会核心结构的政治制度、社会团体和文字。目标完成功能体现了行动的社会子系统与人格子系统之间的联系,其目的在于确定社会的总体目标、强化社会控制机制和动力机制、动员和组织集体行动去完成集团的目标。执行目标完成功能的要素主要是政体。适应功能体现了行动的人格子系统与行动的行为有机体子系统之间的联系,其目的在于促使社会对各种环境条件的普遍适应。执行适应功能的要素主要是经济制度、科学技术和教育。帕森斯认为教育只有适应功能,然而,在我们看来,教育还有维持和建构的功能。

一、教育的维持功能

教育的维持功能是指教育维持社会运行的功力和能量。维持社会运行就是维持社会再生产。马克思认为,社会再生产的过程"既是人类生活的物质生存条件的生产过程,又是一个在历史上经济上独特的生产关系中进行的过程,是生产和再生产着这些生产关系本身,因而生产和再生产着这个过程的承担者、他们的物质生存条件和他们的互相关系即他们的一定的社会经济形式的过程"。[①]这意味着,社会再生产过程包括社会产品、劳动力和社会关系的再

---

① 《马克思恩格斯全集》,第 25 卷,北京:人民出版社,1974 年版,第 925 页。

生产过程。在当今社会,教育是劳动力再生产的必要手段,换句话说,教育把潜在的劳动力变成现实的劳动力,来维持劳动力的再生产,从而维持社会运行。

二、教育的适应功能

教育的适应功能是指教育适应社会变化的功力和能量。社会是由物质因素和非物质因素组成的,各种因素因环境和人类活动的变化而发生力量对比上的变化,社会因此也就不断发生变化。对于人来说,社会是最直接最现实的生存环境。为了人类的生存和延续,人们不得不适应社会的不断变化。不可否认,人们可以通过自身有机体的自发调节来适应自然环境的变化,但这种调节所适应的范围是相当有限的。人们适应社会变化,主要靠知识结构和智力结构的调整。例如,技术进步导致劳动力市场对高学历人才需求的增加,经济结构的变化导致就业结构的变化,等等,都需要人们不断调整自己的知识结构和智力结构以适应这种变化。教育是更新人们知识结构和智力结构的主要手段。人们通过接受教育来实现自身知识结构和智力结构的更新,以便适应社会变化。教育就是面向社会变化来调整课程结构、专业结构、招收结构,促使学生的知识结构和智力结构与社会经济结构相适应,并通过加强学生学习能力的培养来适应社会变化。

三、教育的建构功能

教育的建构功能是指教育建构社会未来的功力和能量。教育维持社会运行,不是把社会简单地复制出来,而是要构建一个新社会。教育适应社会变化,不是被动适应社会变化,而是主动适应社会未来的变化,去构建一个更理想的社会。因此,在社会进步的历史中,教育总是扮演着构建社会未来的角色。马克思主义认为,社会的发展首先是社会生产力的发展。人是社会生产力的主体。构建社会美好未来,从根本上讲,就是构建先进的生产力,构建体现先进生产力的劳动大军。这样的劳动大军不可能自发地成长,必须要靠教育来造就。所以,教育永远是构建社会未来的重要力量。艾沃·古德森对教育变革中出现的各种模式进行了理论探讨,指出国家的学校体系是世界变革力量的折射镜,理解这种社会折射过程,才能发展出一套变革的理论,才能对学校教育保持高度的灵敏度。① 20 世纪 70 年代后期之前,内生变革理论一直是变革理论的关键,这一理论关注那些被教育工作者群体用以发起和促进变革的各种资源,而此后,变革理论的关注点开始转向分析和比较不断变化的变革的各种条件,对外生关联和内生各因素之间不断变动的平衡作出解释,从而发展出教育变革的"外生关系"模式。教育变革的两难困境只能在具体的地方情境中被理解。

划分教育的维持、适应、建构功能让我们了解到教育不仅是维持社会稳定的力量,而且是打破社会稳定并建构新社会的力量。

---

① 艾沃·古德森、贺晓星、杨灿君:《教育、历史和社会未来》,载《教育学报》,2007 年第 6 期。

# 第四章 教育功能的内生与外生过程

在前面的论述中，我们已经提到，虽然社会学家很早就开始了教育功能研究，甚至可以说教育社会学就是从教育功能研究开始的，他们对教育功能类型和特点的研究较多，对教育功能形成过程的研究却很少。近年来，社会学解释学派开始解释学校教育过程，其中涉及微观教育功能的形成，但是，他们并没有从宏观意义上阐述教育功能的形成过程。深入了解教育功能的形成过程，有助于揭示教育功能的变化规律，有助于把这种规律运用于教育发展和改革。

教育功能形成理论关注的是教育诸要素满足人与社会需要的过程的"黑箱的白化"。教育功能的生成是充分发挥每个教育主体的积极性的结果，是教育主体与教育客体之间相互作用的过程。

教育主体是指教育的举办者（政府、企事业单位、社会团体等）、办学者（学校）、执教者（教师）和求学者（学生）。教育客体是指社会、社会对教育的期待（以下简称社会期待）、教育手段（教育硬件和软件）和教育环境等。教育功能的生成首先是每个教育主体发挥其积极性的结果，没有教育主体的积极性，教育功能的生成是不可思议的。教育主体与教育客体相互作用表现为教育客体对教育主体的制约、教育主体对教育客体的认识、支配、利用和影响。没有教育主体与教育客体之间的相互作用，教育功能的生成同样是不可思议的。教育主体与教育客体在教育过程之中的相互作用生成教育功能的过程，是教育功能的内生过程。在这个过程中，社会期待通过教育文本、教育行动转化为人的发展，而人的发展意味着教育功能在教育过程中的生成，标志着教育功能内生过程的完结。教育主体与教育客体在教育过程之外或之后的相互作用生成教育功能的过程，是教育功能的外生过程。在这个过程中，人的发展通过实践转化为社会的发展，而社会的发展意味着教育功能在教育过程之外或之后的生成，体现出社会期待通过人的发展和实践而与社会的发展的契合，标志着教育功能外生过程的完结。下面分别讨论教育功能形成的内生过程和外生过程。

第一节 教育功能的内生过程

教育功能的内生过程是指教育功能在教育过程中形成，即学校按一定社会期待来培养人才的过程，也就是把社会期待转化成学生身心发展的过程。因此，社会期待是教育功能内生过程的起点，学生身心发展是教育功能内生过程的终点。而学生身心发展是在教育行动（活动）中实现的，教育行动又是以教育方针、政策、法律法规、体制、结构、内容、课程、组织形式、实施方式等教育文本为客观条件的，教育文本又必须反映和体现社会期待，也就是说，社会期待转化成学生身心发展，还必须经历社会期待向教育文本转化和向教育行动转化这两个中间环节。每一种转化的推动力都来自学生求学的需要、学校办学的需要和政府发展教育的需要。这样，社会期待、教育文本、教育行动和学生身心发展，就构成了教育功能内生的要素，各要素在社会期待向学生身心发展转化过程中的内在联系，就构成了教育功能内生过程中的基本规律，学生求学的需要、学校办学的需要和政府发展教育的需要，就构成了教育功能内生的内在动力。

一、教育功能内生过程中的要素

教育功能的内生过程是社会期待、教育文本、教育行动、学生身心发展等要素发挥作用的结果。社会期待通过教育文本和教育行动向学生身心发展的转化，是教育功能内生的必经之路。

（一）社会期待

所谓社会期待，是指一定社会对人的发展的要求。社会期待是教育功能内生的出发点。社会期待不依人的主观意志转移，是一种客观存在。人们要发展教育，要办学校，就必须认识社会期待，使教育和学校办学能正确反映社会期待。社会期待既是对个体（学生）的，又是对新生一代所有成员（全体学生）的，前者是微观上的要求，后者是宏观上的要求。因此，社会期待可以从微观和宏观两个方面进行考察。

从微观上看，社会期待是一定社会对人的德、智、体、美等方面发展的要求。从社会学角度看，这是对个体社会化的要求。马克思主义强调把人的发展置于一定的社会历史关系中加以考察，一定社会对人的德、智、体、美等方面的发展的要求与社会在进程上高度契合。社会历史进程表现为阶段性，不同历史阶段社会对人的德、智、体、美等方面的发展的要求是不同的，因此，微观社会期待表现为阶段性和相对性。

例如，同处奴隶社会的斯巴达和雅典对人的德、智、体、美等方面发展的要求是不同的。在古代斯巴达社会，人们以战争为生活，以征服为职业，所以，社会期待是斯巴达生活的信念和斯巴达职业的理想。这种信念和理想，在人的"德"的发展上，要求发展"平等的情感、友谊、集体精神"；在人的"智"的发展上，要求"学习作为一个公民所需要的一切职责和技术"；在人的"体"的发展上，要求成为"身体强健"的战士；在人的"美"的发展上，要求能歌善舞，用所罗门多利安人的韵律来"唤起勇敢、服从、尊重法律和自治的工具"，"用荷马诗、战歌、民歌来描绘对国家的勇敢和忠诚"。反映这种社会期待就使得古代斯巴达教育具有军事教育的特点。而在古代雅典社会，人们以民主为生活，以商贸为职业，因此，在人的"德"的发展上，它要求发展人的"美德"（柏拉图之语）；在人的"智"的发展上，它要求发展人的理智，学会读、写、算、唱和辩论术（苏格拉底之语），具有多才善辩、做生意的能力；在人的"体"的发展上，它要求促进人的体质和体能的和谐发展；在人的"美"的发展上，它要求塑造公民所需的"性格"（亚里士多德之语）。反映这种社会期待就使得古代雅典教育具有民主生活教育的特点。

又例如，当前，中国社会主义现代化建设事业对个体社会化的社会期待，是培养德、智、体、美全面发展的社会主义事业的建设者和接班人。这样的人,在"德"的发展上,应该具有"爱祖国、爱人民、爱劳动、爱科学、爱社会主义"为主要内容的公民道德,具有"文明礼貌、助人为乐、爱护公物、保护环境、遵纪守法"为主要内容的社会公德,具有"爱岗敬业、诚实守信、办事公道、服务群众、奉献社会"为主要内容的职业道德,具有"尊老爱幼、男女平等、夫妻和睦、勤俭持家、邻里团结"为主要内容的家庭美德;① 在"智"的发展上,应该具有现代科学技术知识、科学精神、创新思维、"收集处理信息的能力、获取新知识的能力、分析和解决问题的能力、语言文字表达能力以及团结协作和社会活动的能力",大学生还要具有"创新能力、实践能力和创业精神",具有专业或职业技能和适应专业或职业变化的能力;在"体"的发展上,应该具有"健康体魄"、"基本的运动技能"、"坚持锻炼身体的良好习惯"、"竞争意识、合作精神和坚强毅力";在"美"的发展上,应该具有"美感体验"、"欣赏美和创造美的能力"。②

从宏观上看,社会期待是一定社会对教育发展规模、速度、结构、效益的要求。从社会学角度看,这是对人力资源社会化的要求。与思考和对待人的发展问题一样,马克思主义强调把教育发展置于一定的社会历史关系中加以考察,一定社会对教育发展规模、速度、结构、效益的要求与社会在进程上同样高度契合。社会历史进程表现为阶段性,不同历史阶段社会对教育发展规模、速度、结构、效益的要求也是不同的,因此,宏观社会期待同样表现为阶段性和相对性。

例如,封建社会以小农经济和手工生产为主,而小农经济和手工生产的技术形态主要表现为手工"秘诀",这种"秘诀"主要是在生产过程中而不是在教育过程中掌握的,这使得教育与生产劳动相分离,广大劳动阶层的子女大量被置于学校之外,学校为少数人

---

① 中共中央:《公民道德建设实施纲要》,2001 年 9 月 20 日颁发。
② 中共中央国务院:《关于深化教育改革,全面推进素质教育的决定》,1999 年 6 月 13 日发布。

所垄断，学校主要是培养统治人才，因此，封建社会对人力资源社会化的社会期待呈现出教育发展规模小、速度慢、结构单一、效益低的特点。而资本主义社会以市场经济和机器大生产为主，而市场经济和机器大生产的技术形态主要表现为知识形态的科学技术，它能够通过教育来传授，科学技术被融入生产劳动之中，这样，传授科学技术知识的教育与生产劳动就结合起来了，学校不仅要培养统治人才，还要培养各种科学技术人才，还要培养各种劳动者，这就需要普及一定年限的教育，发展不同层次和不同种类的教育，实现教育资源的合理配置，因此，资本主义社会对人力资源社会化的社会期待呈现出教育发展规模大、速度快、结构复杂、效益高的特点。

又例如，当前，中国社会主义现代化建设事业对人力资源社会化的社会期待，是"优先发展教育，建设人力资源强国"；是免费全面普及九年义务教育；是"优化教育结构，促进义务教育均衡发展，加快普及高中阶段教育，大力发展职业教育，提高高等教育质量"；是"发展远程教育和继续教育，建设全民学习、终身学习的学习型社会"。①

（二）教育文本

自从人类发明了文字，教育就进入了文本时代。"文本"一词来自英文"text"，从词源上来说，它表示编织的东西。这与中国"文"的概念颇有类似之处。"文"取象人形，指纹身，指花纹。《说文解字叙》称："仓颉初作书，盖依类象形，故曰文。""文者，物象之本。"物象均具纹路色彩，以"文"来指称。《周易·系辞下》记伏羲氏"观鸟兽之文"，这里的"文"指鸟兽身上的花纹彩羽。该书又载"物相杂故曰文"，物体的形状、线条色彩相互交错，这也是文。"观乎天文，以察时变，观乎人文，以化成天下。"

---

① 胡锦涛：《高举中国特色社会主义伟大旗帜　为夺取全面建设小康社会新胜利而奋斗——在中国共产党第十七次全国代表大会上的报告》，2007年10月15日。

《说文解字》解释"文"为"错画也"。但是文本的概念后来主要变成了"由书写所固定下来的任何话语"。文本和段落的区别在于,文本构成了一个相对封闭、自足的系统。一般来说,文本是语言的实际运用形态。而在具体场合中,文本是根据一定的语言衔接和语义连贯规则而组成的整体语句或语句系统。

因此,教育文本可定义为关于教育的权威性、规范性、系统性文字说明,是办学和发展教育的指导性文件。它主要包括以文本形式表现的教育方针、政策、法律法规、体制、结构、内容、课程、组织形式、实施方式等。它是对社会期待的反映,是教育功能内生的重要条件。教育方针是指国家在一定历史时期,依据国情和经济、政治、文化、社会发展的需要,通过立法程序为教育事业确立的总的工作方针和奋斗目标。它是对社会期待的目标所作的权威性、概括性反映。1995年通过的《中华人民共和国教育法》对中国教育方针作了权威性、规范性、系统性文字说明:"教育必须为社会主义现代化建设服务,必须与生产劳动相结合,培养德、智、体等方面全面发展的社会主义事业建设者和接班人。"

教育政策是指"国际政治、经济组织或各国国家机关及其代表为实现一定的教育发展的预期目标而采取的合法行动以及由此而形成的行为准则"。它是对社会期待的行动所作的权威性、规范性反映。教育政策包括目标和手段两部分。教育政策的目标是"指国家权力机关对一定教育政策运行过程中预期产生的效果所作的规定"。教育政策的手段是指国家权力机关"为实现教育政策目标所采取的手段"。依据教育政策手段,中国教育政策可分为教育财政政策、教育货币政策和教育行政政策。①

教育法律法规是指国家机关依照法定权限和程序制定和公布的教育方面的规范性文件的总称。它是对社会期待的行为职责、权利、义务所作的权威性规范性反映。改革开放以来中国出台的教育

---

① 肖昊:《教育发展》,武汉:武汉大学出版社,2004年版,第234页。

法律法规主要有《中华人民共和国教育法》、《中华人民共和国学位条例》等。教育体制是指一国或地区教育制度的表现形式。它规定教育决策结构、教育信息结构、教育动力结构及其功能。[①] 它是对社会期待的制度安排所作的权威性反映。目前中国实行的教育体制是中央政府宏观调控、分级举办、分级管理、学校面向社会自主办学的体制。

教育结构是指教育机构总体的各个部分的比例关系及组合方式,是社会期待在教育安排上的反映。教育结构受一国或地区的经济、文化教育发展水平和经济结构的制约,适应经济、社会发展和经济结构的需要。合理的教育结构对经济和社会发展、经济结构的合理化有重要作用。调整教育结构是提高教育经济效益的重要途径。中国自20世纪80年代起逐步展开中高等教育结构改革。

教育内容是指为实现教育目标,经选择而纳入教育活动过程的知识、技能、行为规范、价值观念、世界观等文化总体。[②] 它以社会期待为选择标准。它具有社会历史性,随着社会的变化发展而变化发展。中国的教育内容,从人的发展结构看,包括德、智、体、美、劳等方面;从社会结构看,包括政治、经济、文化、科技、军事等方面。由于社会的发展,现代教育内容正在逐步拓宽,如经济新秩序、人口、环境、和平和民主等。

课程是为实现学校教育目标而选择的教育内容的称谓。它是社会期待实施水准的具体反映。从纵向看,现代教育的课程编制基本上是从基础到高级、从小学到大学;从横向看,一国的课程编制和标准往往与其教育政策有关。如美国中小学没有全国统一的课程标准,中国现在也有一些省份试行地方课程。教学组织形式简称"教学形式",是教学活动的一定结构方式;实施方式即教学实施

---

① 肖昊:《教育发展》,武汉:武汉大学出版社,2004年版,第207页。

② 顾明远:《教育大辞典》增订合编本,上海:上海教育出版社,2002年版,第765页。

的具体方式方法，它们是社会期待实施行动的具体反映。中国目前仍然主要实施的是直接的班级授课制。

（三）教育行动

教育行动是指人们对教育采取的行动。它是社会期待和教育文本的行为化，是用行动来体现社会期待和教育文本，是教育功能内生的实现方式。从社会学角度看，教育行动是多种要素构成的综合体，其中要素主要包括行动者、行动目的、行动手段、行动的情境制约、行动的规范制约等。教育行动者是指教育举办者、教育行政管理者、学校办学者、执教者和求学者，因此，依据教育行动者可把教育行动分为教育举办行动、教育行政管理行动、学校办学行动、教师执教行动、学生求学行动。

教育举办行动是把教育事业开展和兴办起来的行动。它是教育行动过程的起步环节，是实现教育功能内生的启动方式。教育事业的基本单位是学校，教育举办行动实际上就是关于建立和支持学校的行动。教育举办者通常有政府或公共部门和非政府或私人之分，因此，学校就有公立和私立之分。教育举办行动的目的是实现教育发展，为学校提供办学经费是教育举办行动的主要手段。教育举办行动的情境制约主要指教育举办者在实现目的过程中受到自身举办教育的能力和意愿的制约。而教育行动的规范制约则是指教育举办者在实现目的过程中受到有关教育法律、法规的制约。1995年国务院办公厅转发的国家教委《关于深化高等教育体制改革的若干意见》明确规定中国教育的举办者是"各级政府及有关部门，也可以是企业、事业、具有法人资格的社会团体或公民个人"，他们可以单独举办，也可以联合举办。据统计，2007年全国有小学32.01万所，初中学校5.94万所，高中阶段教育（包括普通高中、成人高中、中等职业学校）共有学校31 255所，中等职业教育（包括普通中等专业学校、职业高中、技工学校和成人中等专业学校）共有学校14 832所，普通高等学校和成人高等学校2 321所。其中，民办普通小学5 798所，约占普通小学总数的18.1%；民办普通初中4 482所，约占普通初中总数的7.55%；民办普通高中

3 101所，约占普通高中总数的9.9%；民办中等职业学校2 958所，占中等职业学校总数的19.9%；民办高校297所，独立学院318所，约占高校总数的26.5%。① 由此看来，在中国，政府的教育举办行动是主体，企业、事业、社会团体、公民个人的教育举办行动是补充。政府的教育举办行动对教育功能内生的实现具有决定性意义。

教育行政管理行动是对教育事业进行规划、组织、领导和调控的行动。它是教育行动过程的中间环节，是实现教育功能内生的宏观工作协调方式。教育行政管理行动者可以是教育举办行动者，也可以是教育举办行动者的代理人，还可以是由二者组成的机构。教育行政管理行动以提高资源利用效率和完成教育发展的预期任务为目标，以行政、法律、经济、评估、信息服务、市场为手段，以管理者的角色定位和技能以及组织规模、完成任务的技术要求、环境和个体差异等管理权变变量为主要情境制约，以有关教育法律、法规和教育举办要求为规范制约。中国教育行政管理者是各级教育行政部门。在中国，由于政府是教育举办行动的主体，教育行政管理行动就必然会对教育功能内生的实现产生重大影响。

学校办学行动是对教育的实施进行规划、组织、领导和调控的行动。它是教育行动过程的关键环节，是实现教育功能内生的微观工作协调方式。学校管理者、教师和学生都是学校办学的行动者。学校办学行动以完成培养人才任务和实现学校自身发展为目标，以课程开设和文凭发放为主要手段，以办学资源、学校的社会地位、学校管理技能、生源等办学权变变量为主要情境制约，以有关教育法律法规、教育举办要求和教育行政管理要求为规范制约。教师执教行动是学校办学行动的延伸，是实现教育功能内生的主导方式。它以完成教学任务和促进学生身心发展为目标，以授课、批改作业和课外辅导为主要手段，以教师的角色定位和执教技能以及课程、班级规模、教学技术、教学环境、学生个性差异等执教管理权变变

---

① 教育部：《2007年全国教育事业发展统计公报》，载《中国教育报》，2008年5月5日。

量为主要情境制约，以教师的法定权利、职责和义务为规范制约。学生求学行动也是学校办学行动的延伸，是实现教育功能内生的表达方式，也就是说，教育功能的内生是通过学生求学行动来表达的。学生求学行动以完成学业和实现自己身心发展为目标，以听课、做作业、参加课外活动等为主要手段，以师生互动积极性等变量为主要情境制约，以学生法定的权利、职责和义务为规范制约。

（四）学生身心发展

学生身心发展是学生身心有规律的变化，主要表现为知识的丰富，技能的形成和熟练，体质体能的增强，认知、情感、意志和个性的发展。它是社会期待和教育文本的个体内在化，是用学生心理发展来体现社会期待和教育文本，是教育功能内生的表现形式，也就是说，教育功能在教育过程中表现为学生身心发展。

学生知识的丰富之所以成为教育功能内生的表现形式之一，就在于"知识就是力量"，就在于"知识就是财富"，就在于"知识就是人力资本"。现在，学生掌握的知识主要是现代科学技术知识，而"科学技术是第一生产力"，因此，学生知识的丰富标志着知识形态生产力的形成，意味着教育功能在教育过程中内生出来。

学生技能的形成和熟练之所以成为教育功能内生的表现形式之一，就在于技能是主体在已有知识经验的基础上，经练习形成的执行某种任务的活动方式。① 技能由一系列连续性动作或内部语言构成。按其性质与特点，分为智力技能和操作技能两类，它是获得新的知识的条件。学生技能的形成和熟练标志着其生产潜力的形成，意味着教育功能在教育过程中内生出来。学生体质体能的增强之所以成为教育功能内生的表现形式之一，就在于体质体能是人们劳动生活的身体基础，"身体是革命的本钱"，如果没有良好的身体保障，是无法干好工作的。增强学生的体质是学校体育的重要任务，体育注重培养学生的身体素质以及基本活动能力等，学生良好的体质体能的形成是教育功能的内生的标志之一。

---

① 顾明远:《教育大辞典》增订合编本，上海：上海教育出版社，2002年版，第650页。

学生认知、情感、意志和个性的发展之所以成为教育功能内生的表现形式之一，就在于认知、情感、意志和个性是一个人之所以为人的根本。认知是在意识水平上对思想和表象的加工，它具有抽象性，对个人和人类来说，它具有不可替代的把握世界的作用。情感是人对客观事物的态度体验，它具有两极性，它对人的活动具有调节功能。意志是人们自觉地确定目的，支配和调节自己的行为去克服困难，以实现目的的心理过程。它是学生树立目标、克服困难的根本保障。意志与认知、情感紧密联系。意志行动少不了认知参与，情感是意志行动的重要动力，而人的意志可以加强认知和控制情感。个性是指个人的精神面貌或者心理面貌，即个人的一些意识倾向和各种稳定而独特的心理特征的总和，它是在先天生理素质的基础上，通过后天环境、教育的影响而形成和发展起来的。人的个性一经形成，就具有稳定性特点，并作为重要的内部条件调节和控制人的行为，但也并非是不可改变的，随着现实生活条件的改变，人的个性也会发生某种变化。

二、教育功能内生过程中的基本规律

教育功能内生过程中的基本要素之间存在着某种必然的联系和变化趋势，是不可抗拒的客观规律。按这些规律办教育，就能实现教育功能内生的优化整合。

（一）社会期待向教育文本的转化

教育功能内生过程是社会期待向教育文本转化的过程。社会期待作为一定社会对人的发展的要求，表明了教育功能的理想状态。这意味着，正确反映社会期待的教育可使其功能达到理想状态。为了使教育功能达到这种理想状态，人们就必须正确认识社会期待，并把这种认识文字化，从而形成指导办学和发展教育的教育文本。从这个意义上讲，教育功能的内生过程表现为社会期待向教育文本转化的过程。

这种转化的效果在一定程度上决定着教育功能的优化和协调。如果某种教育文本正确地反映了社会期待，那么，按该种教育文本所采取的教育行动就会培养出符合社会期待的人才，从而使得教育的各种功能趋向优化和协调；反之，如果某种教育文本错误地反映了社会期待，那么，按该种教育文本所采取的教育行动就会培养出不符合社会期待的人才，从而使得教育的各种功能趋向劣化和失调。我们知道，普及现代科学技术知识是社会对教育的期待。前苏联人造卫星上天以后，美国进行了教育改革，在教材中增加了现代科学技术知识，使教材更加符合社会期待，使教育更加有效地成为现代科学技术知识普及和发展的重要支撑。而中国在"文化大革命"期间，受"左"的思想的影响，教材中许多反映现代科学技术的内容被砍掉，从而削弱了教育在现代科学技术知识普及和发展上的功能。就像本书后面所指出的那样，中国自改革开放以来，先后公布了一系列教育体制改革的文件，使教育体制不断优化，有力地推动了教育的健康发展和教育功能的优化和协调。这些事实证明，社会期待向教育文本转化的效果对教育功能的优化和协调具有重要影响。

社会期待向教育文本的转化是通过人们对社会期待的认识和教育文本形成方式来实现的。人们对社会期待的认识越深刻越全面，社会期待向教育文本转化的效果就越好。教育文本形成方式越科学，社会期待向教育文本转化的效果就越好。这意味着，社会期待向教育文本的转化受制于人们对社会期待的认识，受制于教育文本形成方式。社会期待向教育文本的转化与人们对社会期待的认识之间的联系，与教育文本形成方式之间的联系，是社会期待向教育文本转化内在的必然的联系，反映了教育功能内生的一种基本规律。

人们对社会期待的认识表现为认识主体对社会期待这一认识客体的能动反映。认识主体既可以是个人，也可以是组织，其中党派、政府、社会团体、学校、科研机构等是认识社会期待最主要的组织。认识的深度和广度如何既与主体认识社会期待的能力相联系，又与主体认识社会期待的积极性相联系，还与主体参与这种认识的代表性相联系，与这种认识的系统性相联系。这意味着社会必须通过专业人才的培养来提高认识社会期待的能力，必须通过激励机制来调动个人和组织认识社会期待的积极性，必须通过组织程序来提高主体参与认识的代表性，必须通过理论研究来提高认识社会期待的系统性。

人们对社会期待有了正确的认识，社会期待向教育文本的转化就有了可靠的认识前提，而要把人们对社会期待的正确认识有效地转化为教育文本，则在很大程度上取决于教育文本形成的方式。从决策学的意义看，教育文本形成的过程是对教育文本作出决策的过程，教育文本形成的方式也就是对教育文本作出决策的方式。

决策大师亨利·明茨伯格和弗朗西斯·魏斯特里认为①，决策分为三种方式："首先分析"、"首先构想"和"首先实践"，每种方式各有其优缺点。

"首先分析"式决策是指"首先提出问题，然后分析问题，再设计多项解决方案，最后确定最佳方案"这种决策方式，它是现代科学决策的一种典型模式，它适合于问题清晰、数据可靠、组织条理的情况；就像在成熟的生产流程，想法都已确定，规则都可以推行无碍的情况下那样。"首先分析"鼓励线性的、推理性的和非常绝对的论点。这样的方法，特别是如果一开始就采用的话，阻碍了参与决策者的进一步的探索，人们有可能为了流程的高效而牺牲分析的质量和深度。在很多情况下，讨论结果是一个愿望单子，分歧被掩盖在不同的条目之下。换言之，"首先分析"没有我们认为的那样有规则和秩序。它适用于社会期待比较统一时的教育文本的制定。

"首先构想"式决策好像是一种创造性发现一样，需要一定时间的准备、酝酿和灵感突现。当需要把很多因素整合成有创意的解决方案，当热情和投入是解决问题的关键时，在可以无障碍沟通的情况下，比如一些新的教育决策需要产生时，"首先构想"就是首选的方法了。比如为了制定《国家中长期教育改革和发展规划纲要》，教育部发动全社会进行大讨论，并召开专家讲座，整合社会

---

① 亨利·明茨伯格、弗朗西斯·魏斯特里、薛香玲：《有效决策的三种方式》，载《IT经理世界》，2008年第5期，第96页。

期待，形成教育文本。

"首先实践"式决策也叫探索决策模式，适用于各种令人迷惑的新局面，而且有问题等待解决。中国特色社会主义的总设计师邓小平的"摸着石头过河"的决策方式就属于这种。在教育上，如社会期待明显，但因为没有现成的教育文本可以遵行，或者现行的文本明显不适合，学校需要处理这些新的情况，有问题等待解决，就先实践，再总结经验，形成教育文本。

一般说来，人们总是力图制定那些能正确反映社会期待的教育文本，但是，由于认识的局限性和社会期待的发展变化性，教育文本反映社会期待的偏差多少会存在，因此，教育文本总是处在不断完善的过程之中，社会期待向教育文本的转化就是一个发展的、创新的、永不完结的过程。

（二）社会期待通过教育文本向教育行动的转化

教育功能内生过程又是社会期待通过教育文本向教育行动转化的过程。社会期待向教育文本的转化是教育功能内生过程中的中间环节，但教育文本只是教育功能内生的重要条件，而不是教育功能本身。教育功能的内生还必须经历社会期待向教育行动转化的环节。教育文本作为教育的权威性、规范性、系统性文字说明，一旦生成，就具有指导、推动、规范、约束教育行动的作用。反映社会期待的教育文本向教育行动的转化，也就是社会期待向教育行动的转化。由于教育文本具有权威性、规范性、系统性，因此，社会期待向教育行动的转化主要是通过教育文本来实现的，尽管在现实生活中存在着与教育文本相背离的教育行动，即所谓的"不按规章办事的教育行为"，但这样的教育行为只是少数，它也许是旧事物的死灰复燃，也许是新事物的萌芽。

反映社会期待的教育文本向教育行动的转化，意味着这样的教育行动所产生的功能符合社会期待，使教育功能达到一种理想状态。这意味着教育功能内生过程表现为社会期待通过教育文本向教育行动转化的过程。前面已经指出，尽管人们总是力图制定那些能正确反映社会期待的教育文本，但认识的局限性和社会期待的发展变化性可能导致教育文本偏离社会期待,也可能导致教育文本的理解、贯彻、落实偏离社会期待。因此,教育文本向教育行动的转化,并不等同于社会期待向教育行动的转化。社会期待,既可以通过教育文本向教育行动转化,也可以通过没有教育文本的教育改革和教育创新向教育行动转化,不过,反映社会期待的教育改革和教育创新最终会变成新的教育文本。而社会期待通过教育文本向教育行动转化,暗含着教育文本是社会期待向教育行动转化的主要途径,暗含着教育文本向教育行动转化的实质是社会期待向教育行动的转化。这意味着,社会期待通过教育文本向教育行动转化的效果,既取决于社会期待转化为教育文本的效果,又取决于教育行动者对社会期待的正确认识,并把这种正确的认识与教育文本的理解、贯彻、落实结合起来。前文已就社会期待向教育文本的转化作了阐述,这里只需说明社会期待通过教育文本向教育行动转化与教育行动者对社会期待的认识之间的联系,与教育文本的理解、贯彻、落实之间的联系,从而揭示社会期待通过教育文本向教育行动转化的内在联系所反映的教育功能内生的基本规律。

社会期待通过教育文本向教育行动转化的过程是教育行动者能动反映社会期待和教育文本的过程。这种反映的正确与否,既与教育行动者认识社会期待的能力相联系,又与教育行动者认识社会期待的积极性相联系,还与教育行动者参与这种认识的代表性相联系,与这种认识的系统性相联系。这意味着社会必须通过专业人才的培养来提高教育行动者认识社会期待的能力,必须通过激励机制来调动教育行动者认识社会期待的积极性,必须通过组织程序来提高教育行动者参与认识的代表性,必须通过理论研究来提高教育行动者认识社会期待的系统性。

社会期待通过教育文本向教育行动转化的过程又是教育行动者把自己对社会期待的认识与教育文本的理解、贯彻、落实相结合的过程。教育行动者对社会期待认识水平的高低直接关系到对教育文本的理解、贯彻、落实是否全面、准确和有创新。这意味着,要实现社会期待通过教育文本向教育行动的有效转化，既要注重提高教育行动者对社会期待的认识水平，又要注重提高教育行动者理解、贯彻、落实教育文本的全面性、准确性和创新性。

（三）社会期待通过教育行动向学生身心发展的转化——教育功能内生的实现

教育功能内生过程还是社会期待通过教育行动向学生身心发展转化的过程，这是教育功能内生过程中的最后环节。教育功能在教育过程中的生成，最终表现为学生的身心发展。而学生的身心发展要通过教育行动来实现。由于教育行动是在教育文本指导下展开的，并与教育文本共同反映社会期待，因此，反映社会期待的教育行动所导致的学生身心发展与社会期待之间也就必然具有一致性。学生身心发展作为教育过程中内生的教育功能与社会期待之间具有一致性，意味着通过教育行动实现了社会期待向学生身心发展的转化。

由于偏离一定社会期待的教育行动有时会出现，教育行动向学生身心发展的转化也就不完全等同于社会期待向学生身心发展的转化。而偏离一定社会期待的教育行动也会对学生身心发展产生影响，这意味着教育功能仍旧内生了出来，它既可能是消极功能，也可能是积极功能潜在的新的生长点。不过，偏离一定社会期待的教育行动不是一定社会的教育行动的主流，因为教育行动对教育文本的依赖性和社会制约性，使得它的主流总是朝着社会期待的方向前进。

学生身心发展与社会期待之间的一致性，表明各级各类学校培养出来的人才，在数量、结构、质量、效益上符合社会期待，能有效地满足经济发展、政治发展、社会发展、文化发展对人才的需求，同时也能有效地满足维持社会良性运行、适应社会积极变革、构建社会美好未来对人才的需求。这意味着反映社会期待的教育实现了其政治功能、经济功能、文化功能的优化和协调，实现了其维持功能、适应功能、构建功能的优化和协调。因此，在教育过程中，教育功能的优化和协调表现为学生身心发展与社会期待之间的一致性，也就是表现为各级各类学校培养出来的人才在数量、结构、质量、效益上与社会期待的一致性。

社会期待通过教育行动向学生身心发展转化的效果,既取决于教育行动对社会期待的反映,又取决于学生身心发展对社会期待的反映,还取决于学生身心发展对教育行动的反映。充分而又正确反映社会期待的教育行动有利于实现社会期待向学生身心发展的转化,因此必须有效实现社会期待向教育行动的转化,前面已经对此作了讨论。这里需要进一步讨论的是社会期待与学生身心发展的联系、教育行动与学生身心发展的联系,因为这些联系反映的是社会期待通过教育行动向学生身心发展转化的内在联系,反映的是教育功能内生的另一个基本规律。

社会期待影响着学生身心发展,具体表现在以社会要求的形式促进学生某些方面的发展,抑制另一些方面的发展。比如因为科技的发展,除了一些特殊需要外,很多工作不再有肩挑的力量要求,更崇尚美感,所以社会期待学生身体健康,美观大方,要求学生积极锻炼身体,但对肩挑的力量没有要求。学生身心发展也对社会期待有重要影响,比如因为学生的成长需要比较纯洁、简单的环境,因此公众希望学校更纯净,更有效率。从某些方面说,学校教育有意无意地回避社会现实复杂的、阴暗的一面,导致学校课程与社会生活脱节。

教育行动一般要遵照学生身心发展的规律。科学研究已经证明,童年时代是智力发育的关键时期,在年少时与现代社会隔离的"狼孩",其智力永远也不可能达到他本来可以达到的高度;但是,人的大脑又是逐步发育的,比如抽象思维,只有在11岁左右或者之后才会有,在这之前的儿童一般是无法理解抽象的东西的,教育行动必须遵循学生身心发展的规律,分步骤分阶段来进行。

三、教育功能内生的内在动力

社会事物发展的动力总是与人和社会发展的需要相联系。需要从一般意义上讲,是指主体对客体的依赖状态。就像李连科所指出的那样:"'需要'作为一般的范畴,表明了有机物、人和整个社会的一种特殊状态即摄取状态;这种状态就是它们的生存和发展的客观根据和各种积极形式的来源。"① 需要是一种客观存在。马克思在揭示人的需要与现实世界的联系时指出："作为确定的人，现实的人，你就有规定，就有使命，就有任务，至于你是否意识到这一点，那都是无所谓的。这个任务是由于你的需要及其与现存世界的联系而产生的。"② 人的需要正是由于这种客观存在，构成了人的生存和发展的客观根据和各种积极形式的来源。从这个意义上看，教育功能内生的内在动力来自学生求学的需要、学校办学的需要与政府发展教育的需要。

（一）学生求学的需要

所谓学生求学的需要，是指学生反映求学价值的状态。求学的价值在于求学能实现人的德、智、体、美的全面发展，使人更好地成为对社会有用的人，有利于实现人生的价值和梦想。学生求学的需要作为教育功能内生的要素，是说在教育过程中，它是学生学习积极性、主动性、创造性的来源，是学校办学和政府发展教育的客观依据，是社会期待转化为学生身心发展的动力源泉。

学生学习的积极性、主动性、创造性，根源于学生求学的需要。只有真正知道自己是"为什么要学习"、"为了什么而学"才能真正发挥学习的积极性、主动性和创造性。现实生活中，消极被动地机械模仿学习的学生不在少数，其原因就是他们没有真正意识到自己求学的需要，自己求学是为了个人的更好的发展。他们有的说自己是为父母他人而学习，有的说是为了脱离贫困而学习，于是，他们把学习当做负担，要么将谆谆教导当做耳边风，要么就一味"听话、模仿"，学得非常枯燥、痛苦。因此，要发挥学生学习的积极性、主动性、创造性，必须使之明了学习是他自己的需要，学习可以帮助他成为一个更出色的、对社会更有用的人才，使之产生学习的原动力，自觉自律地认真学习。

---

① 李连科：《关于人的学说的哲学探讨》，北京：人民出版社，1982 年版，第 89 页。

② 《马克思恩格斯全集》第 3 卷，北京：人民出版社，1960 年版，第 329 页。

学校办学和发展教育必须以学生求学的需要为客观依据。学校作为一种专门承担教育的机构，其存在的基础就是要满足学生求学的需要。没有学生求学，学校的存在也就没有价值了。当代社会知识经济空前发展，学校教育要以促进人的发展为主要任务，恢复人类求知的自然动力，把教育变成可以享受的一种快乐过程，让孩子们感受到教育就是要为每一个人服务，使每一个儿童先天获得的遗传素质得以充分发展。具体来说，当代人期望的教育的个体功能就是要引导每个人得到智慧，即拥有自由自在地思考，没有公式，也没有疑惧地去思考的状态与能力。智慧使你因此能发觉什么是"真实"的，什么是"对"的。真正的教育是要使我们能"发觉"而非"模仿"。一个人向社会妥协是很容易的，听从父母、教师的话很容易，妥协可以活得很安全、方便，但妥协使人不能内省，容易失去自我。人活着，最要紧的是去发挥自己的潜能，而唯有处在自由状态之中，人才能有连续的内在革命。只有当你不断地自我反省发问，才能不断地学习，接近真实和自我实现。

学生求学的需要构成了社会期待转化为学生身心发展的动力源泉。前面已经论述了社会期待是一定社会对人的发展的要求，就其性质而言，它仅仅是一种期望，或者说是一种美好的愿望，要将这种要求转化为学生本身的身心健康发展，关键就在于鼓舞学生强烈的求学意识，将教育的社会期待即对学生德、智、体等方面的教育要求转化为学生求学的需要。学生求学的需要是社会期待转化为学生身心发展的动力源泉。

（二）学校办学的需要

学校办学的需要作为学校反映办学价值的状态，表明了学校办学的使命就是满足学生求学的需要，促进学生身心发展，促进人的社会化，表明了用提供教育的方式来完成这种使命的任务，表明了提供教育对人力、物力、财力的依赖，对自身有效管理的依赖，对内调动人的积极性的依赖，对外进行物质、能量、信息的交换的依赖等。这种依赖与经济和社会的发展现状以及制度安排相联系。学生求学的需要作为教育功能内生的要素，是说在教育过程中，它是学校办学积极性、主动性、创造性的来源，是政府发展教育的客观依据，是社会期待转化为各种积极办学形式的动力源泉。

学校办学的积极性、主动性、创造性，根源于学校办学的需要。如果是在他人指令、计划的条件下办学，也许会按章行事，但是，学校办学的需要才是其积极性、主动性和创造性的来源。因为只有需要才会积极主动，充满进取精神，锐意创新，感染全体教职工，成为全校共同的精神动力。增强自身的竞争力，有进取精神才会成功，任何一个组织都是这样，学校也不例外。如果学校自身没有办学的需要，学校就会认为办学是"政府"等他人的事，一味被动地"等"、"靠"、"要"，这样，学校办学的结果或者是因办不好被市场淘汰，或者成为政府的负担。

政府发展教育必须以学校办学的需要为客观依据。学校办学的需要作为学校对办学价值的反映，与自身发展的实际有着密切的联系，与学生求学的需要有着密切的联系，与企事业单位对人才的需求有着密切的联系。这使得学校办学的需要能够在微观层面上对社会期待作出更加全面准确的反映，对个体社会化作出更加全面准确的反映，对教育文本向办学行动的转化作出更加全面准确的反映。因此，政府发展教育只有以学校办学的需要为客观依据，从学校办学的需要出发，为学校办学创造良好的条件，才能促进人才培养基本单位的良性运行，为教育发展奠定坚实的微观基础。

学校办学的需要构成了社会期待转化为各种积极办学形式的动力源泉。生活环境、人的天赋、个人的偏好等的不同，反映在教育的社会期待上，就成为对多种就学形式的渴求。要满足这种渴求，必须创办多种学校，也就是说多种办学形式的渴求的满足只有通过积极的学校办学才能达到。因此，学校办学的需要是社会期待转化为各种积极办学形式的动力源泉。

（三）政府发展教育的需要

国家要发展，民族要兴旺，人民要幸福，无一不寄希望于教育。对于治理国家的政府而言，它的使命就是使国家得到发展，民族得到兴旺，人民得到幸福，而发展教育是完成这一使命的必然要求，对这一要求的反映使它必然产生发展教育的需要。政府发展教育的需要作为教育功能内生的要素，是说在教育过程中，它是政府发展教育的积极性、主动性和创造性的来源，是政府实现教育与经济和社会协调发展的客观依据，是社会期待转化为科学的教育文本、良好的教育体制、各种积极的教育发展形式的动力源泉。

政府发展教育的积极性、主动性、创造性根源于政府发展教育的需要。虽然由于国际的影响，一国政府也可能被动地发展教育，但国家的统一与繁荣、社会的和谐与稳定、贫富差距的缩小、阶层流动的通畅是政府的责任，教育是政府正确履行这些责任的重要力量，所以国际上有很多政府对教育的兴趣不断增长，因为一国的政府发展教育，除了它必须充实行政人员以及其他许多政治动机外，最重要的是要提高人民的文化水平和增进人民的觉悟，为更多的群众参加民主过程创造条件。① 政府发展教育的需要成为政府积极主动、有创造性地发展教育的根源。

政府实现教育与经济和社会的协调发展，必须以政府发展教育的需要为客观依据。政府发展教育的需要与经济的发展、社会的和谐等有着密切的联系，这使得政府发展教育的需要就是保证国家的统一与繁荣、人民生活质量的提高，所以政府实现教育与经济和社会的协调发展必须以政府发展教育的需要为客观依据，从政府发展教育的需要出发，努力保证教育的公平、公正，提高大众的文化水平，促进教育与经济和社会的协调发展。

政府发展教育的需要构成了社会期待转化为科学的教育文本、良好的教育体制、各种积极的教育发展形式的动力源泉。社会学认为，教育要求的增长虽然基本上仍然由经济发展的需要所决定，但同时这种增长还要符合社会学特有的逻辑，所以劳动市场的供求法则至少在短时期内还不是直接发生作用的因素。② 直接起作用的应该是人们对教育的期望、社会对教育的要求，即教育的社会期待。

---

① 联合国教科文组织国际教育发展委员会：《学会生存——教育世界的今天和明天》，北京：教育科学出版社，2003，第51页。

② 联合国教科文组织国际教育发展委员会：《学会生存——教育世界的今天和明天》，北京：教育科学出版社，2003，第57页。

但社会期待必须通过教育政策表现出来，作为教育政策的制定者和执行者，政府发展教育的需要力促教育文本的编写者、教育体制的制定者、管理者和执行者等必须在社会期待的引导下，将当前社会的状况和今后社会的发展有机结合，不断改进，制定更科学的教育文本、实行更优良的教育体制，在各个阶段发展各种形式的教育。政府发展教育的需要成为社会期待转化为科学的教育文本、良好的教育体制、各种积极的教育发展形式的动力。

第二节 教育功能的外生过程

学校按一定的社会期待把人才培养出来，使得学生的身心发展符合社会期待，从而完成了教育功能的内生过程。然而，学校培养出来的人才只有在社会运行过程中发挥作用，也就是说，学生毕业以后，他（她）那反映社会期待的身心发展只有在社会运行过程中与生产资料结合，即实现毕业生就业，并作用于劳动对象，教育功能才能外化成认识和改造社会的能量。学校为毕业生颁发的文凭以及建立的反映学生学习成绩和其他表现的档案，是劳动力市场上的教育信号，它具有配置人力资源的功能。而只有通过毕业生就业和教育信号，教育功能才能外化成配置人力资源的能量。这种外化的内在动力来自毕业生就业的需要、企事业单位雇佣和节约雇佣成本的需要和政府推动就业的需要。

由此看来，教育功能的内生过程是以社会期待为起点、以学生身心发展为终点的，而教育功能的外生过程则是以反映社会期待的毕业生身心发展为起点、以毕业生认识和改造社会的能量的转化和教育配置人力资源的能量的转化为终点的。这样，反映社会期待的毕业生身心发展、毕业生就业和教育信号，就构成了教育功能的外生过程中的要素。而各要素在向认识和改造社会的能量和配置人力资源的能量的转化过程中的内在联系，就构成了教育功能外生过程中的基本规律。毕业生就业的需要、企事业单位雇佣和节约雇佣成本的需要和政府推动就业的需要，就构成了教育功能外生的内在动力。

一、教育功能外生过程中的要素

如果说,从社会期待到教育文本和教育行动,再到学生身心发展,是教育功能内生过程的必经之路,那么,从学生身心发展到毕业生就业和教育信号,就是社会期待从教育内部向教育外部转化从而完成教育功能外生过程的必经之路。

(一)反映社会期待的毕业生身心发展

经过教育功能的内生过程,学生身心发展演变成了反映社会期待的毕业生身心发展。这意味着,毕业生已经掌握了社会所期待的知识、技能,具备了社会所期待的体质、体能、认知、情感、意志和个性等,也就是具备社会所期待的知识素质、技能素质、身体素质、认知品质、情感品质、意志品质和个性品质等,使得他们从"自然人"变成了认识和改造社会的"社会人"。当那些反映社会期待的毕业生身心发展作用于社会生产和社会生活时,教育功能就外化为认识和改造社会的能量,从而促进经济、政治、社会、文化的发展。

从微观上看,反映社会期待的毕业生身心发展是指毕业生个体具备反映社会期待的知识素质、技能素质、身体素质、认知品质、情感品质、意志品质和个性品质等。毫无疑问,毕业生个体的身心发展与社会期待的契合程度越高,他就业的时滞就会越短,他获得较好工作岗位的机会就会越多,他胜任某一工作的适应期就会越短,他工作的发展前景就会越光明,总之,他对社会的贡献就会越大。

一般说来,从个体社会化意义上看,学校向社会输送的毕业生的身心发展在一定程度上反映了社会期待,一旦参加工作,他就能为社会作出贡献。但是,也有极少数毕业生走上犯罪的道路,危害社会,他们的身心发展背离了社会期待,他们的犯罪行为表现为消极教育功能的外化。而只有反映社会期待的毕业生身心发展作用于社会,才能表现为积极教育功能的外化。

在中国现阶段,完成义务教育后最早进入社会的初中毕业生个体具备的反映社会期待的综合素质主要表现在以下五个方面：（1）道德品质与公民素养，即文明礼貌、正直守信、遵纪守法、有社会责任感、热爱劳动、自尊自律等；（2）学习能力与实践能力，即有积极的学习兴趣、学习习惯良好、积极参与探究性的学习活动、能运用所学知识和适当工具解决学习和生活中的实际问题、积极参加各类综合实践活动、学习效果好等；（3）交流与合作，即积极参加集体活动、在集体中能正常与人交往、乐于与他人交流、保持良好的竞争心态、主动理解他人、善于正确处理合作交流中的各种矛盾等；（4）运动与健康，即认真做好"两操"，体育课能完成体育教学任务、积极参加各项体育锻炼活动、自尊自信、能控制和调节自己的情绪、精神状态良好、达到《学生体质健康标准》等；（5）审美与表现，即认真上好艺术课、欣赏进步的文学艺术作品、积极参加各类健康的艺术活动、能表现自己的艺术爱好等。这五个方面基本达到要求，就是学生的身心发展反映了社会期待，在今后的人生道路上能够起较好的作用，教育功能得以积极外化。

　　从宏观上看，反映社会期待的毕业生身心发展是指一定时期学校培养出来的毕业生在规模、学历层次结构、学业专业结构、总体质量上符合社会期待。一般说来，反映社会期待的毕业生规模与义务教育适龄人口和人的专业化的社会需求有着密切的联系。由于义务教育反映人的社会化对教育普及的要求，反映社会期待的义务教育毕业生规模就是义务教育适龄人口的规模。由于人的专业化的社会需求是个人或家庭支付后义务教育学费的能力和政府、企业、社会团体资助后义务教育的能力共同作用的结果，而个人或家庭支付后义务教育学费的能力既与个人或家庭可支配收入相联系，又与后义务教育的个人收益相联系，如果政府、企业、社会团体资助后义务教育的能力可用世界 GDP 相近国家公共教育经费支出的平均数来确定的话，那么，一定时期政府、企业、社会团体资助后义务教育的能力就是可确定的，由此所决定的后义务教育成本的政府、企业、社会团体补偿是可确定的，因此人的专业化的社会需求就是后义务教育成本的政府、企业、社会团体补偿一定的条件下由个人或家庭有支付后义务教育学费能力所决定的人的专业化市场需求,反映这种人的专业化市场需求的后义务教育毕业生规模就是反映社会期待的后义务教育毕业生规模。反映社会期待的毕业生规模在学历层次结构、学业专业结构、总体质量上一旦与社会期待相适应,就会满足经济和社会发展对各级各类人才的需要,教育功能就会充分得以外化。这意味着,不能反映社会期待的毕业生规模、学历层次结构、学业专业结构、总体质量,将导致教育功能外化的不充分。

(二) 毕业生就业

教育功能外化的不充分主要表现为毕业生失业。如果学校向社会输送的毕业生不能及时就业,那么,在他们身上所内化的教育功能就不能及时实现外化。因此,世界各国都十分重视解决就业问题。

例如,美国实行的是高校毕业生自主择业制度,由劳工部、学校、中介机构和用人单位协同安排大学毕业生的就业工作,美国政府在就业中起着法律保障和信息引导作用。各州设有发展局,负责推动就业工作,由联邦政府核拨经费。美国劳工部主要负责制定宏观政策和做好就业调查等基础性工作,为大学毕业生提供各类就业信息,收集美国就业市场的职业需求状况及不同职业对知识和技能的要求等数据;同时预测经济发展对未来就业需求的影响,指导学校的课程设置。劳工部还在网站上定期或者不定期公布有关就业的数据,如当代最受雇主欢迎的10种能力:解决问题的能力、专业能力、沟通能力、计算机编程能力、培训能力、科学与数学能力、理财能力、信息管理能力、外语交际能力和商业管理能力,引导学生注意提前培养开发个人的潜能。劳工部根据相关数据撰写的《岗位需求手册》很受美国大学生的欢迎。

美国各高校都非常重视学生就业问题,把就业教育纳入国民教育体系,列入初中、高中、大学本科直到研究生的正规教育之中。毕业生的就业率直接关系到一所高校的声誉,影响到学校在全美的综合排名和今后的招生。为此,各校都设有毕业生就业指导中心,对学生进行具体的就业指导。同时,几乎每所学校都设有就业实习课程，让学生熟悉求职的环节和技巧，同时帮助他们联系实习单位，使他们尽可能把知识运用到实践中学习。这些课程能让学生在大二或大三时就关注就业规划，他们会系统地按照这个规划积累相应的能力或经验。美国各校就业指导机构除对学生进行就业指导并提供就业信息外，每年还要举办就业洽谈会，向雇主推荐学生，经学校推荐的毕业生就业成功率通常高于其他渠道。此外，在美国，大学教授的推荐信具有很高的权威性。学生如能得到名教授的举荐，找份像样的工作几乎不成问题。

在美国的非营利性就业组织中，以"全美高校和雇主协会"最为著名，其会员包括800多家高校和1 900多家企业单位，学校与用人单位共同协作，每年为100多万大学生提供就业服务，在大学毕业生寻找职业时发挥了相当重要的作用。该协会出版期刊，对就业市场的现状、发展趋势以及求职和招聘过程中遇到的法律问题等进行调查和分析，其中最有名的是《择业》杂志，许多学校把这本杂志列为学生就业和求职的指导用书。

其实，美国大学生通常也早早为自己制定了就业的长远规划，为自己的未来作打算。他们认为，缺乏相关经验是找工作的最大障碍。所以，在平时的学习中，他们非常关注积累实践经验，从来不怕有难度和强度的工作挑战，一旦有合适的实习机会，他们就会紧紧把握住，以增加自己的实际经验。应该说，美国大学生比较务实，在找工作时不挑剔，而是采取一种现实的态度，即"先就业，后择业"。大学毕业后，他们先找到工作解决生计问题，至于兴趣和理想，只好先靠边站，在工作闲暇时再留意一些相关的就业信息，相信总能找到一份自己喜欢的工作。美国一家大学生就业服务网站进行的一次民意调查显示，80%的受访者认为，"首先是要有活可干"。他们甚至不放弃任何一个在偏远城市的工作，抓住任何一次增长资历的机会，以丰富自己的阅历，为实现自己的理想作准备。

目前，美国金融危机及经济衰退导致美国就业市场萧条。2009年2月，美国非农业就业人口净减少651 000人，失业率从7.6%

上升至8.1%。① 相应地，应届毕业生所面临的就业形势也日益严峻。密歇根州立大学高校就业问题研究所主任加德纳预计，现阶段适合美国应届大学毕业生的"入门级"工作岗位将比去年减少8%。这将使美国许多大学生面临"毕业即失业"的困境。如哈佛大学商学院这样顶级院校的MBA的毕业生，往年至少有一半学生进入薪水丰厚的大型投资银行，此次金融危机至少使华尔街丧失3.5万到4万个工作机会，同时拖累相关产业减少13万个就业机会。现在他们正千方百计寻找其他出路，有的干脆自己创业，哈佛大学2009年毕业班里，则有14%的学生申请了美国支教队。去年这一比例为9%。另外，登记加入和平队、美国国民服务队的人数都创下了纪录。另一些学生为了逃避衰退而争先恐后地报考研究生院，使得入学竞争异常激烈。还有一部分大学生感到在国内就业难度加大，就直接到国外就业或留学。

日本政府、学校、社会和用人单位都非常重视并积极参与高校毕业生就业和职业指导工作。政府将其当成重要的社会公益事业和社会福利与保障事业来看待，提供全方位的无偿服务；高校也将其作为重要的教育环节予以高度重视；社会则将毕业生看成需要帮助的群体，为其顺利就业进行专业指导和帮助；用人单位将毕业生看成最重要的人才资源，积极创造条件，接收应届毕业生。在大学毕业生就业工作中，日本采取的是全国统一步骤，政府、学校、社会和用人单位密切配合，协调一致的"采用制度"，即我们说的统一就业制度。与美、加等西方国家以咨询为中心的就业指导模式相比，日本的就业指导是一种以就业信息为中心内容的模式，这种模式的出发点是通过各种方式向学生提供用人信息，着眼点是直接帮助学生找到一个用人单位，其效果主要通过就业率来衡量。② 政

---

① 《科学时报》，2009年3月31日，B3版，转引自求是新闻网 http://www-2.zju.edu.cn/zdxw/

② 陈瑞武、曲铁华：《日本大学生就业管理体制和职业指导现状及启示》，载《中国高教研究》，2005年第1期，第47页。

府、学校、社会和用人单位在对待毕业生就业问题上，形成合力，对毕业生进行全方位、多元化的指导和帮助。政府、学校、社会和用人单位，分别从不同侧面推动毕业生就业工作的进行，形成了立体的指导、援助和服务体系。如就业援助制度，日本形成了文部科学省、地方教育委员会、厚生劳动省、地方职业安定部门、大学、企业以及大学毕业生本人相互支持、相互促进、相互渗透的有机保障体系。[①] 文部科学省的工作主要是制定大学毕业生就业促进政策，进一步深化高等教育改革；对全国大学生就业信息进行调查、收集和分析；召开各种与经济团体相关的联谊会等。厚生劳动省主要对应往届毕业大学生进行就业援助，支持各个大学依据向厚生劳动大臣申报而举办的各种免费职业介绍活动以及一些行政支持等。此外还有援助和就业体验制度。日本各大学也积极完善大学内部的就业指导体制、充实职业能力教育、制止就业录用活动的早期化、灵活发挥就业体验制度的作用等。企业也对大学毕业生就业积极支持。21世纪初达成大学与企业的协议，大学制定《关于大学、短期大学和高等专门学校毕业预定者的就业（约定）》（简称"约定"），而企业制定《关于新毕业学生录用、选考的企业伦理宪章》（简称"伦理宪章"），大学与企业相互尊重各自的协定，将"约定"和"伦理宪章"通知所有的大学和企业，日本大企业录用大学毕业生时通常还会采用各种各样的考试。日本大学生对就业援助活动也积极参与。

中国一向重视解决毕业生特别是高校毕业生的就业问题。如针对当前就业形势严峻的问题，国务院办公厅在2009年1月19日发布《关于加强普通高等学校毕业生就业工作的通知》[②]，接着教育部于2009年3月19日向全国发布国家促进普通高校毕业生就业政

---

① 李文英：《日本大学毕业生的就业援助体系》，载《比较教育研究》，2006年第5期，第68页。
② 中华人民共和国教育部官方网站，http：//www.moe.edu.cn/edoas/website18/19/info1234695385263719.htm。

策公告，明确指出普通高等学校毕业生（以下简称高校毕业生）是中国宝贵的人力资源，并采取鼓励和引导高校毕业生到城乡基层就业，到中小企业和非公有制企业就业，鼓励骨干企业和科研项目单位积极吸纳和稳定高校毕业生就业，鼓励和支持高校毕业生自主创业，强化高校毕业生就业服务和就业指导、提升高校毕业生就业能力，对困难高校毕业生进行就业援助等措施。

（三）教育信号

学校在培养人才的同时，把学生学习成绩和思想品德表现记录归档，毕业时还向学生颁发文凭，教师等相关者获得有关学生的信息，这些都是为劳动力市场提供的教育信号。它们都可以（或可能）被观察到，所以是潜在的信息资源。如果没有这些教育信号，雇主即用人单位从观察雇员即毕业生的外表和倾听毕业生的自我介绍中所获得的信息，就具有很大的不确定性，要考察雇员即毕业生能力和专长，就只能通过试用雇员来获取具有确定性的雇员信息，这就需要支付"试用成本"。有了教育信号，雇主不经试用雇员就可获取有关雇员的教育层次、在校表现、职业经历、个人性格以及其他信息，如获奖记录、服务记录、受处分记录、犯罪记录。这意味着，学校为劳动力市场提供的教育信号，使得雇主可以节约雇佣的"试用成本"。

在教育信号理论的创始人迈克尔·斯彭斯（Michael Spence）看来，雇主与潜在的雇员在市场相遇时，任何一方对于另外一方提供的信息都是不确定的。潜在的雇员不可能确切地知道自己申请的工作的实际情况。雇主则常常对求职者能够在多大程度上胜任工作存在疑问。雇主在雇用员工之前，无法得知某个特定的员工的工作能力，但是，这并不代表雇主找不到可以帮助他们做预测的指示物，那就是雇员的文凭以及有关雇员的其他记录。

斯彭斯还考察了无教育信号传递的市场数据。假设只存在一个雇主和一群他有可能最终雇用的人，且潜在的雇员的生产力只有两个值：1和2。在一个信息完备的条件下，雇主会精确地付给每个个人其相应的边际产出。假设边际产出为1的个人人数占总人数的

比例为 q_1，其余的个人边际产出为 2。

表 4-1　　　　　　　　无信号传递的市场数据

	边际产出	人口比率
群组 1	1	q_1
群组 2	2	$1-q_1$

若所有个人在各个相关方面都是相似的——这意味着在雇主以往的市场经验的基础上，他们之间的显性区别都是与其生产能力无关的——那么雇主就会对个人支付相应的他所期望的边际产出。这种期望的边际产出对于所有人都是一样的，因为没有信号或标记存在。计算得出：

$$\overline{w}=q_1+2(1-q_1)=2-q_1$$

从上式可知，群组 1 的成员得到了更好的回报，因为在一开始就与生产力高的人无差异。群组 2 的成员受到了伤害。群组 1 中获益者的范围是 $1-q_1$，对群组 2 造成的损害是 $-q_1$，q_1 越大这种损害就越大。当然，雇主并不关心这二者的区别，因为总的工作完成量和雇主所支付的总工资在两种情况下都是一样的。但是，如果更多更好的教育信息可获得，雇主会利用这些信息，这是因为，如果其他雇主都很好地利用教育信息，而他对教育信息的利用是失败的，就意味着他不能争取到那些有才能的人。[1]

斯彭斯的分析表明，反映社会期待的毕业生身心发展通过文凭、有关毕业生的其他记录和教师等而外化为可供雇主识别和比较雇员的教育信号，雇主利用教育信号来竞争人才，使得教育信号在人力资源配置中发挥作用。

---

[1] S. Michael Spence. Market Signaling. Printed in the United States of America.

二、教育功能外生过程中的基本规律

教育功能的外生过程由于社会期待、毕业生身心发展、毕业生就业和教育信号之间存在某种必然的联系和变化趋势而具有规律性。

（一）反映社会期待的毕业生身心发展通过毕业生就业向认识和改造社会力量的转化

教育功能外生过程是反映社会期待的毕业生身心发展向认识和改造社会力量的转化的过程，这种转化是以毕业生就业为途径的。接受学校培养、完成学业、走入社会的毕业生，在社会期待下实现了自己身心的发展，也就是实现了教育功能的内化。随后，他们寻找工作，直接参与并将自己的身心用于经济建设、政治建设、社会建设和文化建设。由于他们的身心发展反映了社会期待，他们不仅能找到工作，而且能学有所用，在工作中发挥他们的聪明才智，他们的身心发展就转化成了认识和改造社会的力量，从而实现了教育功能的外化。

毕业生身心发展向认识和改造社会力量的转化必须通过毕业生就业来实现。就业效果直接影响教育功能外化的效果；衡量就业效果的一个重要指标是失业率。就毕业生个体而言，失业意味着内化在他身心中的教育功能不能外化；一时失业意味着内化在他身心中的教育功能一时不能外化；长期失业意味着内化在他身心中的教育功能长期不能外化。就毕业生总体而言，失业率越高，教育功能外化的程度就越低。所以，提高教育功能外化的效果需要降低失业率。

衡量就业效果的一个重要指标是就业成就。就业质量也可以用就业成就来衡量。毕业生就业成就越大，内化在他们身心中的教育功能得以外化的程度就越高；反之亦然。不能调动毕业生工作积极性的就业难以成就大业，内化在他们身心中的教育功能就难以充分外化。那种学非所用的就业不利于调动毕业生工作的积极性，因而也不利于把内化在他们身心中的教育功能充分外化出来。所以，提高教育功能外化的效果需要提高就业质量和就业成就。

毕业生有了工作，实现了就业，还只是走完了教育功能外化的第一步，教育功能外化还有很长的路程要走，它贯穿于毕业生一生的工作过程。毕业生工作的过程作为人力资源配置过程，表明了教育功能外化与人力资源配置相联系。从这个意义上讲，提高就业效果就是提高人力资源配置效果。一般说来，人力资源配置越合理，人力资源利用就越充分，人力资源配置效果就越好，教育功能外化也就越充分。所以，提高教育功能外化的效果需要优化人力资源配置。

必须指出，毕业生工作的过程既是内化在他身心中的教育功能外化的过程，也是毕业生继续学习的过程，还是毕业生发挥自身能力的过程。这意味着，毕业生工作的成就，既可能是他接受教育的结果，也可能是他继续学习的结果，还可能是他发挥自身能力的结果，在很大程度上是这三者共同作用的结果。在毕业生工作成就中，要把他接受教育的贡献、继续学习的贡献和发挥自身能力的贡献区别开来是困难的。因此，教育功能外化在毕业生工作的成就之中，但毕业生工作的成就不能简单地完全地归结为教育功能的外化。

就业效果或人力资源配置效果与就业者的就业积极性、就业方式、就业体制、就业政策、就业环境等因素相联系。就业效果受就业者的就业积极性的制约。就业积极性是就业者主动就业的一种心理状态。就业的内在动力以及这种动力的大小决定了就业者的就业积极性的高低。就业积极性越高，就业效果就越好；反之，就业积极性越低，甚至不愿意就业，那么就业效果就越差。就业积极性对就业效果的制约是最大的。

就业效果受就业方式的制约。一般的就业方式即全日制就业，灵活的就业方式有非全日制就业、短期就业、派遣就业、季节性就业、待命就业、兼职就业、远程就业、承包就业、独立就业、自营就业和家庭就业 11 种。就业效果受就业方式的制约，一般来说，人们最认同的是全日制就业，这种就业效果最好；但是因为全日制工作并不好找，人们也逐渐认同灵活的就业方式，有的还创造了更好的就业效果，所以就业方式对就业效果的制约并不是固定的。就业效果受就业体制的制约。一国的就业体制是其国民经济体制的重要部分，不公平的就业体制容易导致就业问题，公平的就业体制能产生较好的就业效果。所谓公平的就业体制即"劳动权利受到高度保障，真正做到同工同酬，没有歧视，没有排斥，没有侵害。这个就业体制包括：公平就业政策和服务、就业管理组织、劳动力市场机制、劳动执法和就业监察机构等"①。要实现较好的就业效果，必须从就业管理、劳动力市场机制等方面入手，建立高度遵从"同工同酬"就业原则的体制。

就业效果受就业政策的制约。就业政策属于行政的一部分，在公共管理和服务中，它会对就业的报酬等有一些软性和硬性的规定，这些规定对就业效果有很大影响，特别是政策执行非常有力的时候。就业效果受就业环境的制约。就业环境包括宏观的大环境和微观的小环境。大环境会影响就业者对就业形势的认识，小环境影响就业者能力的发挥。在环境利于就业者就业的时候，就业的效果就好，在环境不利于就业者就业的时候，会给就业者增添一些就业障碍，就业效果会降低。

（二）反映毕业生身心发展的教育信号向配置人力资源机制的转化

教育功能外生过程是反映毕业生身心发展的教育信号向配置人力资源力量转化的过程。由于毕业生身心发展是社会期待的反映，因此，反映毕业生身心发展的教育信号也是社会期待的反映。教育将社会期待内化成毕业生身心发展，然而这种内化本身是看不见摸不着的。为了让人们观察到这种内化，学校向毕业生发放文凭，记录在校表现，推荐毕业等，以此作为反映毕业生身心发展状态的教育信号。在劳动力市场上，雇主利用教育信号来配置人力资源，于是，教育信号就成为人力资源配置的机制。

教育信号作为人力资源配置的机制，其真实性如何，影响着人

---

① 中国共产党新闻网，http://theory.people.com.cn/GB/49154/49156/5823954.html。

力资源配置的效果。雇主凭借教育信号将雇员安排在一定的工作岗位上,如果教育信号真实,就证明雇主的安排妥当,雇员能够胜任工作,并创造一定的业绩,达到人力资源利用最优;反之,如果教育信号失真,雇主将雇员安排在不合适的位置上,则会导致工作完成不好或者人才浪费,影响人力资源配置的效果。

教育信号作为人力资源配置机制,其传递性如何,影响着人力资源配置的效果。这个问题比较复杂,从整个国家来看,国家的分层制度化程度影响着教育信号如文凭对职业专门化和分层的作用。[①] 从个体来看,每个毕业生在教育证书和职业层级的种类的分布方面,也存在着大量的社会差异性。从雇主来看,他们需要利用教育信号来竞争人才,使得教育信号在人力资源配置中发挥作用。下面我们来看一下雇主是如何利用教师发出的教育信号来招揽人才的。

功能主义理论论证了雇主的功能性需求和学校满足需求之间的关联,网络理论让人们逐渐重视帮助人们就业的弱联系(Granovetter, 1995)。詹姆斯·E. 罗森保姆和史蒂芬妮·A. 琼斯的研究证明,事实上,部分教师临时采取的某些行动就是为了满足雇主对可靠信息的需求,许多教师就是使用了网络理论中界定的"弱联系"来发挥传递教育信号、配置人力资源的作用。美国没有专门的就业中介机构,学校也不提供就业服务,仍有8%的中学毕业生通过学校帮助找到工作,而且工作的收入颇丰,日本和德国等有正规机构的国家,教师自发地采取一系列手段从而强化了其推荐信的有效性,包括了解雇主的信息需求、向雇主传达有关学生的软信息、通过准实习得来的与工作有关的信息以及可靠信息。[②]

---

① 阿兰·C. 柯克霍夫:《从比较角度看学校到工作的过渡》,转引自莫琳·T. 哈里楠:《教育社会学手册》,傅松涛等译,上海:华东师范大学出版社,2004年版,第608页。
② 詹姆斯·E. 罗森保姆、史蒂芬妮·A. 琼斯:《中学教育与劳动力市场的互动》,转引自莫琳·T. 哈里楠:《教育社会学手册》,傅松涛等译,上海:华东师范大学出版社,2004年版,第568~570页。

三、教育功能外生的动力

教育功能内生的内在动力既然来自学生求学的需要、学校办学的需要和政府发展教育的需要，那么，教育功能外生的内在动力当然来自毕业生就业的需要、企事业雇佣的需要和政府推动就业的需要。

（一）毕业生就业的需要

毕业生就业的需要作为毕业生反映就业价值的摄取状态，表明了毕业生通过就业来实现自身生存和发展，进而将内化在自己身心中的教育功能外化出来的内在动力。这种动力构成了教育功能外生的客观根据和各种积极形式。

就业的价值在于自我生存、承担家庭责任和社会责任等。就业的价值在于自我生存与发展，作为一个即将或者已经成人的毕业生，他必须有自我生存的能力，不能养活自己或者依靠他人养活自己的时候，他的价值就无法表现出来，但在实际生活中，这种情况往往是暂时的，或者为更好的就业在作准备。虽然历史上有一些所谓的"隐士"拒绝就业，但他们依然能够养活自己，很多"隐士"的成就，比如名声，往往要比那些急于求成的人还要大。某种程度上"隐士"也可以是一种就业，只是从世俗的角度讲好像这些"隐士"干的事情是"讨巧"或"寄生"，但不要忘了"寄生"在大自然中实际上是很自然的一种生存哲学，所谓生物链就是"寄生链"，古代隐士还催生了"艺术创作"和"科学研究"。

就业的价值在于承担家庭责任和社会责任，这是毕业生作为社会的一分子为其"小家"和"大家"应该付出的劳动。接受教育所付出的代价中，家庭和社会都承担了很大一部分，因此，毕业生应在工作中创造物质财富和精神财富去回报亲情和社会。它体现了一个人的利他价值，在一般情况下，承担家庭责任和社会责任与自我生存与发展是相辅相成的，有时会出现矛盾，这时就需要为了"大我"牺牲"小我"，为了"大家"牺牲"小家"。

（二）企事业雇佣的需要

企事业雇佣的需要作为企事业反映雇佣价值的摄取状态，表明了企事业通过雇佣来实现自身生存和发展，进而将内化在雇员身心中的教育功能外化出来的内在动力。这种动力同样构成了教育功能外生的客观根据和各种积极形式。

雇佣价值在于企事业的生存与发展、承担社会责任等。雇佣的价值在于企事业自身的生存与发展，企事业单位为了自身发展的需要，必须不断生产和扩大再生产，不断新陈代谢和扩大规模，创造规模效益，在人力方面也是如此；雇佣的价值在于企事业承担社会责任，现代社会是一个高度分工的社会，不同的企事业单位各司其职，互相提供社会需要的产品和服务，因此，企事业单位雇佣的价值还表现在承担其相应的社会责任上面。

（三）政府推动就业的需要

政府推动就业的需要作为政府对推动就业价值的反映的摄取状态，表明了政府通过推动就业来实现经济和社会发展的内在动力。这种动力同样构成了教育功能外生的客观根据和各种积极形式。

推动就业价值在于实现经济和社会的发展，人力资本理论早已证明，当代社会之所以生产力大幅提高，越来越富裕，人力资本的提高功不可没。政府为了促进经济和社会的发展，绝不愿意大量受过教育的人才闲置，浪费宝贵的人力资源，所以必须推动就业。

第五章 教育功能的优化与协调

　　教育功能的优化包括教育功能内生和外生的优化。教育功能内生的优化是指社会期待有效地转化为教育文本、教育行动和学生身心发展。教育功能内生能否优化，主要取决于教育文本、教育行动和学生身心发展能否全面正确地反映社会期待。教育功能外生的优化是指反映社会期待的毕业生身心发展有效地转化为认识和改造社会的力量以及有效地实现教育信号向配置人力资源机制的转化。教育功能外生能否优化，主要取决于毕业生就业和劳动的积极性的高低、人力资源配置是否合理、教育信号是否真实及其传递是否畅通。教育功能的优化还表现为教育的消极功能向积极功能的转化，教育的隐性功能向显性功能的转化。教育功能的协调是指教育的个体功能与社会功能之间的协调，教育的经济功能、政治功能、文化功能之间的协调，教育的维持功能、适应功能、构建功能之间的协调。教育功能的协调，取决于实现社会期待向教育文本、教育行动、毕业生个体身心发展以及毕业生的规模、层次和专业结构的有效转化，取决于教育功能内生和外生过程中多因素相互作用的效果。

第一节　教育功能的优化

　　受主客观条件的影响，教育文本、教育行动、学生身心发展和毕业生就业对社会期待的反映，多少会有所偏差，从而导致教育功能欠优的问题。在当前中国教育功能存在欠优的现象，主要表现在以下几方面。

　　第一，教育功能单一。教育作为有助于人的发展的事业，如果顺应人的本性进行活动，只会促进人的发展，不会出现强调单一社会功能现象。可是历史的车轮是不断前进的，没有谁能够准确地预见未来，谁也不能做到完全把握如何为未来生活作准备，所以为未来培养下一代的教育业超脱不了历史。而且在阶级社会，统治阶级为了自身利益的需要，使教育成为他们的工具，使教育成为政治的附属品，教育主要起的就是培养政治接班人的作用，体现的是它的政治功能。进入现代社会以后，教育规模扩大，教育成本降低，更多下层阶级的人可以接受教育了，但是因为过度强调发展经济，教育又沦为经济的附庸。教育被蒙上这些色彩之后，不仅严重束缚了教育本身的发展，而且产生了代际外部负效应。我们的孩子的发展受制约，社会缺少多领域建设的生力军。为了消解教育的社会局限问题，现代人要求教育功能由单一向多元发展。

第二，教育功能能量辐射低。因为社会分工越来越复杂，社会领域越来越分化，人们在学校学习的时间也越来越长，人们希望受过教育就能"百事通"，满足个人的多种需要和社会的多样性的需要。有时这些要求甚至是矛盾的。比如，一方面公众希望学校更纯净，更有效率。因此，从某些方面说，学校的课程与社会生活出现脱节，学校教育有意无意地回避社会现实复杂的、阴暗的一面。可另一方面，当学校这种净化的环境使学生缺乏处理现实生活的能力时，人们又责怪学校没有为学生适应社会作好准备。但是，人们总是对聚集了专门从事教育的人士和大量专家的学校教育寄予厚望，希望教育有更多的功能辐射能级，能够满足人们的多种需求。

第三，教育主导功能偏离。这跟社会的发展和大家的认识也有很大关系。我国在十一届三中全会以前，还是在强调教育的政治功能，十一届三中全会以后则强调教育为社会主义现代化服务的功能。这个表述比较科学，但是因为对社会主义现代化的理解不断发生变化，所以，对教育的主导功能的理解也不断变化。人们对于社会主义现代化建设的认识主要还是停留在经济建设上，而对经济建设的认识又主要停留在 GDP 的增长上。所以，教育的功能当时就把为社会主义现代化建设服务和为经济服务画等号。①

在党的十六大以后，我国开始提出了"互为前提和基础"的关系说，就是我们的教育经济和社会的发展是和人的发展互为前提和基础的，经济和社会的发展也是人发展的基础，而人的发展也是经济社会发展的前提和基础。这样就使我们对教育功能的认识也有了一个提升，就是我们的教育不仅要为经济社会发展服务，在这个过程当中也要为人的发展服务。开始强化为人的发展服务的认识。到"以人为本"提出以后，教育功能的认识就是把为经济社会发展服务跟为人的发展服务统一起来，最终把以人为本作为我们的根本出发点，这个认识就又有了进一步发展。实际上教育的本源就是为人的发展服务的。

一、教育功能内生的优化

由于人们认识的局限性、社会期待的可变性以及教育过程中多因素相互影响和相互作用的复杂性，社会期待向教育文本、教育行动和学生身心发展的转化就存在不确定性。如何减少这种不确定性，也就成为促进教育功能内生优化的重要课题。

一般说来，教育功能内生的优化表现为教育文本、教育行动和学生身心发展全面正确地反映社会期待。要使教育文本、教育行动和学生身心发展能全面正确地反映社会期待，首先，必须科学地制定教育方针、政策、法律法规、体制、结构、内容、课程、组织形式、实施方式，等等；其次，必须调动教育行动者的积极性，明确教育行动目的，优化教育行动手段，增强教育行动能力和意愿，健全教育行动规范，等等；最后，必须遵循学生身心发展规律来开展教育和教学。

要科学地制定教育方针，必须从国情和经济、政治、文化、社会发展的需要出发来制定教育事业总的工作方针和奋斗目标，在指导思想上保证制定教育方针不会偏离社会期待；必须集思广益，在

---

① 陶西平：《进一步解放思想　推进教育功能的本位化》，http：//edu.qq.com，2008年9月28日。

程序上保证制定教育方针不会偏离社会期待。

要科学地制定教育政策，必须分类指导，关注弱势地区与弱势人群的教育，设定合理的教育基准，进行教育评估及监控；必须保证公平，兼顾效率，确立相对的教育公平观和战略效率观；必须完善国家教育数据库，建立教育决策咨询系统。

要科学地制定教育法律法规，必须从实际出发，博采众长，在吸收外国教育法律法规的长处的基础上，兼顾自身的特色；必须注重法律法规的原则性和操作性。

要科学地制定教育体制，必须注意体制的主体自主性，即主体合理愿望的反映、行为结果的可预期性、行为过程的可变化性、利益的可维护性等；必须注重体制合理分配相关主体利益和保障相关主体合法权利等；必须注重体制的高效率，即体现在体制中的有关要素间存在着一定的行为规则并能够产生一定的竞争，使得体制本身具有不断创新的动力和能力，在给定配置中发挥体制的最大功效，节约制度成本；必须注意体制的整合性，即教育体制对教育系统外环境的适应与协调能力和教育体制内部有关要素的协调性。要科学地制定教育结构，必须深入研究教育的发展和产业结构的优化升级之间的关系，让教育和产业相辅相成，合力发展。

要科学地制定教育内容，必须注意散布于社会的固有知识，显然不完全等同于教育系统所要传授的知识内容。两者之间的区别在于教育过程须对固有知识作二次加工，进行去伪存真的精练与筛选。从漫无边际的知识海洋中找到那些支撑整个知识大厦的着力点，将其浓缩为一个易于传授、谱系明确的知识体系。知识的二次加工，难度在于所选择的知识数量要符合两个边界条件的制约：一是所选择的知识能够将受教育者领入现代知识的前沿。二是要适应自然人的学习周期与智力成熟过程。简单地说，就是解决"传授给学生的知识有哪些内容"、"知识内容间形成什么样的相互结构"两个问题。因此必须遵循受教育者的身心发展规律以及人掌握知识的科学原理，编制科学的教学大纲和教材等。

要科学地制定课程，必须符合科技、经济和社会的发展。以当代社会的课程为例，因为民主的概念已经越来越深入人心，人们要求作为公共事业的教育体系要塑造每一个个体，人人平等、人人参与。于是课程变得越来越富有可选择性。很多国家在小学阶段的课程中就开设选修课，大学的课程则围绕分布需求作出安排，既保证学生学习的知识面又保留其选修的权利。也许因为这样那样的原因，这些选修课并没有真正给予让学生按照自己的兴趣学习的自由。正如冲突论等所论述的那样，其核心已经被权力、利益以及不平等的传统势力扭曲了，但是它也是现代教育功能的一种反映。因此必须深入研究相关内容，科学制定课程标准、实施方案等。要科学地制定教育组织形式，必须考虑周全，理论联系实际。要科学地制定教育实施方式必须调动教育者的积极性，有张有弛，保证教育的最佳效果。

要调动教育行动者的积极性，必须关心其切身感受，动之以情，晓之以理，不断鼓舞其士气，给予其动力。要明确教育行动的目的，必须加强学习和启发诱导。要优化教育行动手段，必须不断学习和交流，碰撞出新的火花。要增强教育行动能力和意愿，必须使之具有强烈的进取心。要健全教育行动规范必须制定和实施切合实际的方案。要遵循学生身心发展规律来开展教育和教学，必须了解学生的身心发展是一个动态变化、不断构建的过程。影响学生身心发展的因素可以分为可能性层次和现实性层次。可能性层次包括个体自身的因素（先天因素、后天因素）和环境因素；现实性层次主要指个体的活动。开展教育和教学，必须遵循学生的身心发展规律，了解学生的身心发展动态，充分考虑多种因素，因材施教。

二、教育功能外生的优化

由于就业问题和人力资源配置问题的存在是不以人的意志为转移的，毕业生身心发展向认识和改造社会力量的有效转化和教育信号向配置人力资源机制的有效转化，就必然存在不确定性。如何减少这种不确定性，也就成为促进教育功能外生优化的重要课题。

一般说来，教育功能外生的优化是指毕业生身心发展向认识和改造社会力量的有效转化和教育信号向配置人力资源机制的有效转化，因此，要实现毕业生身心发展向认识和改造社会力量的有效转化，必须调动毕业生就业和劳动的积极性，必须合理配置人力资源，必须提高教育信号的真实性和传递的畅通性。

要调动毕业生就业和劳动的积极性，必须坚持"以人为本"。国家在生存和发展的过程中，需要人、财、物各种资源，其中人力资源是居于首位的。社会应清楚地认识到受了十几年教育的大学毕业生是最宝贵的人力资源，科学开发、调动他们的积极性，使用这种具有创造性的资源，为社会创造财富。必须信赖和尊重毕业生，帮助其工作，使其愿意工作，有成就感、自尊感和自我实现等高层次需求的激励，进一步实现他们的进取心、创造性和人生价值。"以人为本"不能是大家挂在口边的一句空话，而应下工夫真正落到实处，要把"以人为本"的价值观真正体现在政府的各项制度、文件和行政工作之中。如健全用人单位与求职者双向选择的劳动市场机制，即用劳动力市场来反映社会需求，再用市场的供求关系和相应的物质利益来影响学校和学生对教育的选择以及用人单位对人才的拥有。这样，用人单位会根据需要重视对人才的选择，珍惜和关心选择来的人才，并积极创造条件来发挥他们的才能；学校会更重视教育质量和学校声誉，并根据劳动力市场的供需状况和社会需求的发展趋势，调整专业结构，更新教育内容，采用先进教育技术，培养学生能力；学生会根据自己的特长和社会需要选择专业方向，提高能力，珍惜职业选择，发挥才能。

要调动毕业生就业和劳动的积极性，必须发挥毕业生党员、团员干部以及杰出毕业生的表率作用，身边同学的模范作用对毕业生的情绪、心理影响极大；还必须经常与毕业生谈心，尊重支持其找工作和干工作，为毕业生创造良好的工作和生活环境，对毕业生所做出的成绩要及时地表扬，对毕业生遇到的困难要尽可能地给予帮助。

要调动毕业生就业和劳动的积极性，必须将中国经济做大做强，增强经济的吸纳力；必须提高民主管理意识，营造诚信友爱、和谐竞争的氛围；必须建立有效的竞争激励机制。

要合理配置人力资源，必须做到人尽其才，才尽其用，人事相宜，最大限度地发挥人力资源的作用。应使人力资源的整体功能强化，使人的能力与岗位要求相对应；应达到优势定位，即人自身应根据自己的优势和岗位的要求，选择最有利于发挥自己优势的岗位；管理者也应据此将人安置到最有利于发挥其优势的岗位上；要遵循动态调节、内部为主的原则，当人员或岗位要求发生变化的时候，要适时地对人员配备进行调整，以保证始终使合适的人在合适的岗位上工作。

要提高教育信号的真实性和传递的畅通性，在提高教育信号的真实性方面，必须注意排除一些负面干扰，实事求是，对同一学生的信号重复采样的次数越多，信号的真实性就越好。还要增加多方面、多方位的测试点，保证全面收集和输出毕业生的教育信号，若信号为很微弱、不全面的信号，需要教育者更加深入挖掘，多多收集，不能满足于发个文凭或者成绩单等。在保证教育信号传递的畅通性方面，学校及教育工作者必须做好中介作用，永远保持和外界比如企事业的密切联系，随时在教育过程中和教育过程之外向学生传递其所学知识的最前沿的信息，向外界输出学生富有个性的个人信息，为企事业单位输送最合适的人才。

三、教育的消极功能向积极功能的转化

教育的消极功能向积极功能的转化，是教育功能优化的一种表现形式。要实现教育的消极功能向积极功能的转化，首先必须实现自然人格向健全人格的转变。

教育的核心在于育人，育人的核心在于培养健全的人格，使学生在走出校门，踏入社会之后能正确处理人与人、人与社会、人与环境的关系。但当今中国的教育已经在某种程度上背离了教育的最基本的功能。现在教育主管部门认为考试成绩突出的学校就是好学校，学校认为能把学生考试成绩搞上去的老师就是好老师，老师认为考试成绩好的学生就是好学生，家长认为考试成绩好的子女就是有出息的子女。判别教育教学质量最重要的标准就是考试成绩。教育如此严重地偏离了自己的初衷，扭曲了自身的功能，造成中小学生经常有人因为不堪重负而离家出走，或轻生自杀，造成一代大学生整体思想道德素质的下滑，造成学校毕业生整体能力与社会经济

发展需求的严重不适应,然而凡此种种并未能警醒政府、学校及社会的各阶层。

中国大学的理科毕业生,一般工作了四五年才能真正担起专业性质的工作。这个现象说明的问题是中国教育产出的理科毕业生几乎都处于半成品状态。社会对学生的知识结构需求没有成为一种控制信号,对教育过程产生影响。判断一个社会是不是发达,效率是主要的评价标志。而所有关于效率的问题,实际上都是一个控制论的问题。对于宏观经济而言,就是计划与否的问题,所谓市场经济不是那种空想的自由放任经济,而是用期货市场、企业计划、政府调控等形式存在的另类计划。同理,对于学生的知识结构而言,应该形成一个需求、生产的联动控制结构。知识结构的设计不关心社会需求、社会需求不能影响学校教育内容的调整,这个状态应该是教育体制改革的重要内容。最近一些学校开始对就业不佳的专业的招生计划进行限制。但这只是一个停留在浅层次的措施,只有依据社会需求信息,对知识结构进行系统设计,使其专业化得以实现,才是最优效率的教育模式。随着中国经济规模的不断扩大,进入市场状态的事物也在增多,必然要求相应的制度、规范、理性与之一同成长。否则就会使得经济活动的熵值增加,最终导致经济的不稳定性增加。经济活动熵值的增加,对大学生的知识结构而言也是一种考验。为了应对高度不确定的就业前景与需求,扩大学生知识面是一种无奈的选择。问题是这个倾向的增加,意味着学生的知识向着非专业化的方向发展,知识结构变得非系统化,学习的知识也十分庞杂。这与社会分工的发展趋势是相悖的,是效率降低的一种非理性化发展趋势。如果听任这样的现象发展下去,知识传承的效率将不复存在,知识传承的专业化就会很快地消失。中国的大学生学习的知识数量一点也不比别人少,但专业水平并不高。这就等于中国学生耗费了比别人更多的精力,却不能构筑起合理的、专业性更强的知识结构,这就是一个严重的问题。如果对这样的问题不感兴趣,尽搞些"全国统考变地区统考"之类的教育体制改革,中国教育水平是不可能提高的。

通观中国大学生的学习课程,三十几门课都不是围绕一个专业研究方向或者职业方向构筑起的知识系统。这导致了大学四年培养的学生,依然没有完成适应工作需求的专业知识积累。解决这个问题的方法是,必须围绕专业需求进行知识结构、深度的强化,减少不必要知识的教授。应该将目前许多属于本专业的、实践性较强的研究生课程下放到大学阶段讲授。也就是说,一个学校或者教研室培养的学生,应该围绕专业需求,在专业教学阶段进行加深专业知识的教授。还有,知识是一种技能。专业教育必须同时进行实用的专业技能训练。还有一个比较有趣的现象就是,相对于理科大学生必须经过四五年的工作环境磨炼才能承担工作的现象,文科大学生表现得不十分明显。两者之所以不同,原因在于文科学生具有一个得天独厚的实践条件——语言是每天要用的,讲课、学习的过程就是参与实践的过程。

要使社会需求作为一种控制信号,对大学生的知识结构调整产生影响,需要两个方面的细致工作:一是高等院校应该设立专门的知识结构设计部门,将就业指导之类的工作科学化,演变成类似工厂的产品设计职能。依据社会需求、毕业生就业情况、毕业生社会实践反应之类的信息,构筑适应社会需求的知识结构。这项工作的最佳境界,显然是学生一毕业就能适应相应岗位的工作需求。二是社会需求应该规范化。对工作岗位的要求进行系统的、专业化的规范,这是管理从目前的粗放状态向专业状态迈进的一个基础性的工作。社会能不能对各类岗位的从业人员进行细致的知识结构划分,是社会进步与否的一个标志。

当社会工作岗位的专业性越来越强,而大学为学生提供的知识结构对这种专业性要求的适应程度也越来越高的时候,这个社会就是进步的。如果同是化学专业,有机专业与无机专业、煤化工专业与煤化学专业、环境化学与环境工程专业都不能相互替代,这样的社会就是进步的,这是专业性越来越强的标志,是分工发达的标志。实际上可以发现,任何一个现实的工作岗位,需要的知识范围不超过五六门课程,但是我们却学习了三十多门课程,这就是效率的损失。如果这三十几门课程是围绕一个具体的社会工作岗位设置的,将一个专业方向强化到"毕业即可以承担工作"的程度,这就是大学教育成功的标志。如果搞了几十年,专业化程度不是越来越高,而是反方向发展的,这就是全社会专业技术能力不断流失的一个重要标志,其危害是十分巨大的。

所以,能不能维护和强化学校教育的专业性,是评价学校教育成功与否的核心标志之一。为了维护和强化学校教育的专业性,就需要针对该专业的社会岗位进行规范性设定。也就是将岗位相关的几门知识进行系统、科学的描述。比如一个火箭设计专业的岗位,需要工程以及材料力学、火箭推进动力学、空气动力学、热防护、机械设计等不超过五门知识。对这个岗位的知识需求进行上述规范,就是一条科学的信息。这个信息应该成为学校设计教学内容、建构学生知识结构的前提条件。有了这样的信息,就应将无关知识减少到最低程度,而围绕着这几门课程进行深化训练。学生毕业的那一天,就已经能够直接从事这个岗位的设计工作。只有建立了类似的信号产生与传递以及形成控制的机制,知识传承才是有效率的。而且这个过程越科学、越精细,就标志着社会的专业性进步的速度越快,知识传承越有效率。

四、教育的隐性功能向显性功能的转化

教育的隐性功能向显性功能的转化,是教育功能优化的又一种表现形式。要推动教育的隐性功能向显性功能转化,必须创造和满足以下四个外在条件:

一是目标导向体系。主要由学校领导和相关机构负责,提供方针政策依据,明确教育指向和人才规格,形成办学目标(学校方面)、教学目标(部门方面)和教学责任目标(教师方面),同时向学生宣传培养目标,传输社会需求信息,引导学生构建自我成才和个体发展目标,并由此形成几方面相结合的目标体系。通过对教学目标的直接调控和对教学责任目标和自我发展目标的间接调控,使几方面目标既相互促进,又相互制约,充分发挥目标体系的导向作用和激励作用,使隐性教育功能与显性教育功能接近。

二是环境建设体系。以行政管理和后勤服务的领导与机构为主,发挥设计系统、营建系统、美化系统、监测系统和评价系统的

合力。依据教学目标,适应学生状况,大力开展体质环境的创设、兴建、美化、保护和修缮活动,同时做好教育环境质量监测、教育效应分析及成果性评估。

三是组织网络体系。以党委领导为核心,发挥党政工团组织和学校社团、学生会、班级和学术团体的共建共管作用,软环境和硬环境并举,以软环境建设为重的原则,广泛持久地开展校园文化活动和精神文明建设活动,营造品位高、趣味浓、极富有感染力、塑造力和迁移力的校园文化环境和精神环境,同时积极引导学生组织发挥辅助性的管理教育功能,推动健康活泼的"自主"活动的开展。

四是教育评价体系。建立以学生评价为主体,以教师评价为主线,以学校评价为主导,以社会评价为重要参照,定期性评价和随机性评价相结合,自我监督和舆论监督相结合的体系。加强教育环境的全面监测,及时有效地纠正偏差。教育评价体系的复合性一方面作为教育活动机制,反映教育者和教育环境作用于教育对象的方式和特征;另一方面作为接受(学习)活动机制,反映教育对象作用于教育者、教育环境的方式和特征。前者表现出教育活动的一般规律,后者则主要表现出隐性教育的微观机制和个体心理特征。

下面将主要研究隐性教育如何对学生施加影响,并产生相应教育效果的作用原理和过程。隐性教育影响个体的过程主要由三个因素构成。一是个体的身心条件和接受机能。包括生理健康状况、智力状况、心理条件和学习动机,这是教育的基础和先决条件。二是环境创设与利用。包括为教育对象创设环境、选择环境、改善环境和环境防护(防御和消除负面影响,特别是外部影响)。这是隐性教育的中心环节,反映着隐性教育条件的特殊要求。三是学习活动及调控。其实质是调节个体与教育环境的关系和相互作用。隐性教育有着自己特殊的调节方式。从以上分析看,隐性教育也就是适应个体身心条件,能动地利用环境影响和引导学习活动的过程。利用教育环境的双主体关系,呈现在两个方面:一方面是教育者为学生预设环境并不断改善环境条件,同时,帮助和引导学生选择环境事物和辨别环境影响的性质；另一方面是学生个体完全自主地参照教育目标导向，从现有环境条件中选取最适合最有利于自身发展的学习条件。这种选择既包括对教师的资历、学识、仪表、语态和风范的认同、敬慕与追求（有时也会出现排斥倾向），也包括对艺术造型、活动形式以及舆论、风气的选取与评价。这种"自择性"反映出个体与教育环境的联系方式和价值取向方式。与此同时，教育者通过多种办法引导学习活动，例如，提供教育环境的监测信息，调整某些活动内容，释放和培育导向性舆论，完善评价体系，强化激励措施和精神防护措施等。这种"引导"显然不同于理性说教和强制性灌输，而是始终坚持以个体自愿为基础，以个体自主性为动力实施教育。

要推动教育的隐性功能向显性功能的转化，还必须创造和满足以下七个内在条件：

第一，自我筛取。面对形形色色的教育环境，学生的接受心理显现出不同程度的自择性。这是由于他们在接受环境教育影响之前，已经从家庭、亲友及社会各方面获得了初级的教育性经验，形成了一定的"意识框架"。因而对于学校通过环境媒介传播和倡导的主导型价值观和道德观，不可能全盘吸收，而是按照自己的想法与标准"过滤"和"筛取"，有相信亦有怀疑，有肯定亦有否定，有汲取亦有排斥。

第二，意识分化。环境性教育是以个体自我意识框架为前提而施加影响的。环境教育因素中的典型性、示范性和新异性"经验"，往往对学生产生极大的"磁力"，激发他们的认同感和倾向感。这时，学生自我意识中分化为主体理想的"我"和客体现实的"我"，并用主体理想的"我"去分析、评价客体现实的"我"，进而在新的基点上实现价值定位和道德定格。

第三，舆论监督。主要指来自校园主体的自我监督。监督是利用人的从众心理和自尊心理而发挥作用的。或通过他人提示来检点自身行为，或通过群众"说法"对某一行为的是非良莠作出判断。其中，班级风气和团体舆论导向对学生个体行为发生着深刻的影响。

第四，环境暗示。校园环境的影响作用是通过主体的无意识心理和受到暗示得以实现的。暗示具有反效应。如满目绿茵的校园仿佛在"告诫"学生"注意卫生"，而整洁清新的教室中富有寓意的墙贴，能改善同学们的学习心境。与此相反，脏乱的地面、污秽的墙壁、歪斜的桌椅，不但易助长乱吐乱弃的恶习，而且会引发思想的懈怠和学习纪律的松弛。

第五，行为模仿。行为模仿是道德行为和良好习惯养成的重要方式。行为的感染力是通过个体"观察学习"活动实现的。"观察学习"的意义是行为模仿原理的社会心理学依据。"模仿"是个体生理感觉系统与社会性活动的统一，是一种学习性的身心活动。尽管人们行为有良性和非良性之别，但是，由师生员工们共同构建的主导型道德行为倾向是健康向上的。学生在从众心理和倾慕意识的作用下，通过有选择的行为模仿活动，不断完善自身形象。

第六，交际学习。交际是主体的存在方式，交际学习活动是隐性教育的重要方式。群体性和社会性是学生在校生活的基本特征。个体在相互交往中，可发现千姿百态、性格各异的人物，并展开复杂的意识让渡与情感交流活动。为了与人友善相处，就得学会自信与谦恭，存异与求同，抑制自我和赞誉他人，学会与不同个性的人合作共事，并通过主动参加集体活动，逐步树立起群体意识、合作意识和集体主义精神。

第七，情绪感染。校园主体间长期的学习接触和情意交流，必然酿造出渗透着感情色彩的生动的育人环境。同学之间的互助友爱可激发积极的情感体验，而教师对学生的爱心能产生强烈的情感共鸣。校园主体在领悟真诚与友善的同时，形成并日渐加深对母校和集体的认同感与归属感，产生饱满的学习热情和积极向上的思想倾向。

第二节 教育功能的协调

教育功能的协调主要包括教育个体功能与社会功能之间的协调，教育的经济功能、政治功能、文化功能之间的协调，教育的维持功能、适应功能、建构功能之间的协调。

一、教育的个体功能与社会功能之间的协调

教育的个体功能与社会功能之间的协调,主要表现为学生个体身心发展,全面正确地反映了社会期待,通俗地讲,就是表现为学校培养出符合社会要求的人。学生个体身心的发展与社会的发展在"元素"与"集合"的相互依存关系中展开,这意味着学生个体身心的发展对社会的发展具有"元素"意义,社会的发展对学生个体身心的发展具有"集合"意义,学生个体身心的发展与社会的发展是相互依存的。尽管学生个体身心的发展具有社会性,社会的发展具有人性(因为任何社会都是人格化的社会,而社会的人格化使社会的发展具有人性),但是,学生个体身心的发展与社会的发展毕竟是两个有着不同内涵的发展,各自遵循着不同的发展规律。因此,在同样的教育背景下,学生个体身心的发展呈出多样性和差异性,内化在学生个体身心的发展中的社会期待也就具有多样性和差异性。这种多样性和差异性,构成了产生学生个体身心的发展与社会期待的矛盾的根源。教育一旦不能把这种多样性和差异性的发展引向社会期待的方向,教育的个体功能与社会功能之间的矛盾就会变得突出起来,这意味着教育的个体功能与社会功能的失调。因此,要充分发挥教育的功能,就必须考察教育的个体功能与社会功能失调的表现及其背后的原因,努力促进教育的个体功能与社会功能的协调。

教育的个体功能与社会功能失调,主要有以下几种表现:(1)以培养"和谐"发展的人为教育目的,重视教育在促进学生个性和理性发展中的作用,忽视教育在促进人的社会化过程中的作用,从而把教育的个体功能凌驾于社会功能之上。古代雅典的自由教育就显现出这一端倪。(2)以培养为国献身的人为教育目的,重视教育在促进人的社会化过程中的作用,忽视教育在促进人的德智体美全面发展中的作用,从而把教育的社会功能凌驾于个体功能之上。古代斯巴达的军事教育就是这一表现的历史源头。(3)在教学中注重对学生进行形式思维训练,忽视实用知识的传授,从而割裂了教育的个体功能形成与社会功能形成之间的内在联系。例如,

应试教育和"题海战术"。(4)以"学生为中心",忽视教师引导学生学习的主体地位,或者,以"教师为中心",忽视学生学习的主体地位,从而割裂了教育的个体功能载体与社会功能载体之间的内在联系。例如,以"儿童"为中心的极端自由主义教育和纯粹灌输的教育方法。

导致个体功能与社会功能失调的原因主要有以下几个方面:(1)个体发展高于一切,要求将个人的发展完全摆脱历史、社会的干扰,结果导致教育的个体功能严重脱离社会和历史的发展。(2)社会发展高于一切,要求将国家利益(一般也就是统治阶级的利益)放在第一位,而且完全不把生命放在眼里。(3)认识的局限性。因为没有正确认识教育的个体功能和社会功能的关系,导致自觉或不自觉地割裂了二者的有机联系。

根据以上分析以及建构理论,笔者认为,通过有效建构教育文本和教育行动的优化来实现社会期待向学生个体身心发展的有效转化,是促进教育的个体功能与社会功能之间协调的基本途径,而教学过程中反映社会期待的师生互动是提高这种转化效果的关键。

实现社会期待向学生个体身心发展的有效转化,要求教育文本既要符合社会期待,又要符合教育行动规律,还要符合学生身心发展规律。本书前面已经就社会期待向教育文本的有效转化问题作了分析,这里重点分析如何遵循教育行动规律和学生身心发展规律来制定教育文本的问题,如何开展符合社会期待的师生互动的问题。

正如前面所指出的那样,教育行动有自身的规律。帕森斯把行为取向归结为五个模式变量:普遍性与特殊性、扩散性与专一性、情感性与中立性、先赋性与自获性、私利性与公益性。这五个模式变量在一定程度上反映了行为取向形成和变化的内在逻辑,在一定程度上揭示了行为主体的需要与行为客体的有限满足之间的矛盾。教育文本是教育行动的客体,是对政府发展教育的需要、学校办学的需要和学生求学的需要的有限满足,因此,从教育行动主体的需要出发来制定教育文本,为满足政府发展教育的需要、学校办学的需要和学生求学的需要创造有利条件，是正确处理教育行动主体的需要与行动客体的有限满足之间矛盾的必然要求。

例如，中国为了满足政府发展教育的需要，教育法规定教育经费支出的"三个增长"，即"各级人民政府教育财政拨款的增长应当高于财政经常性收入的增长，并使按在校学生人数平均的教育费用逐步增长，保证教师工资和学生人均公用经费逐步增长"①。但是，这"三个增长"的法律规定一直得不到有效落实。问题在于这一法律规定的行为主体并没有真正实现对象化。表面上落实"三个增长"的行为主体对象化为各级人民政府，但政府中谁是落实"三个增长"的责任人并不明确。因此，教育法只有明确规定落实"三个增长"的责任人，使这一法律规定的行为主体真正得以对象化，才能保障依法落实"三个增长"，为满足政府发展教育的需要创造有利法律条件。

正如前面所指出的那样，学生身心发展也有自身的规律。从哲学和社会学意义上说，学生身心发展的过程是从"自然人"发展成为"公民"的过程，而公民的权利和义务主要体现在平等、人权、民主、法制、自由等方面，从这个意义上说，学生身心发展是学生的平等、人权、民主、法制、自由等公民意识和责任不断增强的过程。教育文本、教育行动和师生互动都要有利于学生增强公民意识和责任。

平等关系到每个人生活的机会。一个不平等的社会，就不能充分发挥个人的聪明才智，威胁到社会的凝聚力，造成犯罪率居高不下。反思一下我们教师的行为：我们公平地对待了每一个学生吗？我们给学生公平回答问题的机会了吗？我们给每个学生公平展示个人才能的机会了吗？我们给差生的关爱足够了吗？在对待好学生、差学生的态度上我们做到了一视同仁吗？我们在排座位上是否做到了公正？我们在教育策略上是否做到了公平呢？我

---

① 见《中华人民共和国教育法》第五十五条规定（《中华人民共和国教育法》在1995年3月18日第八届全国人民代表大会第三次会议上通过，1995年3月18日中华人民共和国主席令第45号公布，自1995年9月1日起施行）。

们在选择班干部、评选先进和有特长学生方面是否对差生给予了足够的关注？体现了公正与公平吗？而这一切看似并不重要的细节上的不平等，却会在学生心目中打下深深的烙印，因为教育细节上的不平等，导致他们将对社会本身产生这样的认识：这个社会本身就是一个不平等的社会，个人将以不平等的心态和手段来面对社会，反抗社会，做出一些不人道、不符合人性的事情（云南大学的马加爵狂杀四名同学就是例子）。因此，平等是教育中最基本、核心的因素，教育不仅要个体识文断字、知书达理，具有生存的技能，还应为未来理想的社会——一个尊重人、讲人道、讲人性的社会——奠基。

人权指的是一个人在社会的基本权利，包括政治权利、生存权利、发展权利等。西方社会注重个人的政治权利，中国则更注重普通大众的发展权和生存权，这种关注点的不同，主要来源于社会经济发展水平不一样，文化背景不一样。当国家发展到一定水平，人民对个人政治权利的关心也会与日俱增。学校教育要向学生灌输一个"人"应该享有的"人权"，其人权、人格、尊严是不容侵犯的。教师的一切教育行为都要维护学生的基本权利，切不可羞辱学生、肆意践踏学生的权利。

民主是一个社会进步的标志。中国几千年的封建统治，是没有民主可言的，一切都是皇帝说了算，皇帝的话就是法律。几千年流传下来的规矩，造成了民众思想的奴化（称领导为父母官源于此）。虽然中华人民共和国已经成立六十年了，但历史流传下来的东西要想一下彻底改变，是不可能的。这需要一个过程，这需要多代人不断的努力。而教师作为文化的传播者，必须使学生懂得民主的意识，在学生教育活动中，在学生自我管理中，充分发扬民主，尊重学生意愿。只有他们"民主"意识的觉醒，中国的未来才真正有希望，中国才能摆脱几千年传统专制文化的桎梏，才能实现真正意义上的长治久安，从而真正走向成熟和富强。

法制是一个国家维护正义、公正、秩序的必要手段。经过多年努力，我们国家已经拥有了比较完善的法律体系，民众的法制意识也有了明显进步与提高。但我们还要看到：（1）法律的威严性还没有得到足够的尊重。有法不依、执法不严、执法不公、有令不行、有禁不止、挑战法律的事情，也时有发生。(2) 各种民主监督机制还不够完善，权力的制衡和制约力量还不够强大。(3) 民众的主人翁意识还没有整体觉醒。(4)"一把手"的权威还不能被挑战、被质疑，"真理"还往往掌握在他们手中。官员们还没能放下架子，真正做人民的"公仆"，他们俨然把自己当成民众的衣食父母，无论走到哪里，无论在何种场合，他们都被捧为"神明"，享受着众星捧月的尊贵，而恰恰是这些权贵不受法律的约束，往往干出一些惊天动地的违法事情（上海市原市委书记陈良宇，北京市原市长陈希同就是典型例子）。必须通过教育，倡导法律面前人人平等，任何人都不能凌驾于法律之上。

自由是人性的本能。每一个人生存于地球之上，生存于人类社会之中，都有追求自由的强烈愿望。作为生命的个体，他们希望有自己的个性，他们希望有自己的特长，他们希望有自己的思想，他们希望有自己的追求，他们希望"与众不同"，天性所使。也正是这种追求自由的天性，才使得世界是如此的绚丽多姿，才使得社会是如此的丰富多彩。作为教师，应注意给学生自由的时间和空间。在教育教学活动中，在社会实践活动中，充分发展他们的想象力与创造力，充分尊重他们的想象力与创造力，充分保护好他们的想象力与创造力。

未来二十年，是中国重要的战略机遇发展期，建立一个民主、法制、自由的社会，是中华民族每个人的梦想，是中国政治发展的必由之路，是国家建设物质文明、精神文明并逐步走向政治文明的崇高目标。实现这一目标期待学校造就具有中国特色社会主义公民意识和责任，教育文本、教育行动和师生互动只有适应这一社会期待，只有为满足学生不断增强公民意识和责任的需要，才能促进教育的个体功能与社会功能之间的协调。

二、教育的经济功能、政治功能、文化功能之间的协调

教育的经济功能、政治功能、文化功能之间的协调，是指教育文本、教育行动、毕业生个体身心发展以及毕业生的规模、层次和

专业结构，既要体现经济发展对教育的社会期待，又要体现政治进步对教育的社会期待，还要体现文化繁荣对教育的社会期待。

经济发展主要表现为经济增长和经济结构优化升级。政治进步主要表现为处理国内各阶层各方面关系和国际关系的民主、法制、公平、正义、安全、和平、发展、变革、稳定等政治形态的优化提升。文化繁荣主要表现为思想观念、价值取向、行为规范、社会风尚和体制机制的健康发展以及文化产品的丰富发达。它们对人的身心发展的要求不尽相同。具体来说，经济发展对教育的"社会期待"，在微观上要求新生专门人才具备提高劳动生产率的知识、能力、责任、义务和态度（较高的质量），在宏观上要求新生专门人才在数量和结构上能满足经济发展的需要。而政治进步对教育的"社会期待"，在微观上要求新生人才具备推动民主、法制、公平、正义、安全、和平、发展、稳定等政治形态优化提升的知识、能力、责任、义务和态度，在宏观上要求新生人才在数量和结构上能满足政治进步的需要。而文化繁荣对教育的"社会期待"，在微观上要求新生人才具备促进思想观念、价值取向、行为规范、社会风尚和体制机制等文化形态的健康发展的知识、能力、责任、义务和态度，在宏观上要求新生人才在数量和结构上能满足文化繁荣的需要。

由于经济发展、政治进步、文化繁荣对人的身心发展的要求不尽相同，教育文本、教育行动、毕业生个体身心发展以及毕业生的规模、层次和专业结构，在满足这种不尽相同要求的取向上，就存在像帕森斯所说的普遍性与特殊性、扩散性与专一性、情感性与中立性、先赋性与自获性、私利性与公益性的矛盾。如果这些矛盾不能正确对待和处理，教育的经济功能、政治功能、文化功能之间就会出现失调。这种失调主要有以下几种表现：（1）夸大教育的相对独立性，把学校（特别是高等学校）自治和学术自由绝对化，抵制政府对教育和学校事务的干预，从而割裂了教育的政治功能与文化功能之间的内在联系。例如，19世纪，英国和美国的高等学校在学术行会的支配下排斥来自政府的直接干预，抵制新学科的进入。正如尼伯莱特所说，当时"英国和美国都不得不通过国家立法来打开自治的高等学府的铁门,让新的学科进入课程,其中许多学科与人类利益休戚相关,而学阀们却顽固地将其拒之门外"。①(2)推行教育的政治化,对学校实行政治垄断,把家庭出身作为入学的重要条件,从而割裂了教育的经济功能、文化功能与政治功能之间的内在联系。例如,中国"文化大革命"期间把学校办成"阶级斗争"的阵地就是如此。(3)把办学当做营利的手段,忽视教育的公益性,从而把教育的经济功能庸俗化,把教育的经济功能凌驾于政治功能和文化功能之上。当前,中国普遍存在学校乱收费、独立学院收费过高、高等学校把办学创收与教师的工资和福利直接挂钩等现象,就属于这一表现的极端例证。

　　导致教育的经济功能、政治功能、文化功能失调的原因主要有以下几个方面:一是教育体制、机制不健全,特别是那种在处理教育的政府宏观调控与学校自主办学之间的关系上走向某一个极端的教育体制、机制。二是教育政策、法律和法规的不完善,致使教育行动在整合教育的经济功能、政治功能、文化功能上左右摇摆。三是对教育的经济功能、政治功能、文化功能缺乏全面正确的认识,缺乏历史的、唯物的、辩证的、系统的观点,缺乏整合和协调的意识。

　　由此可见,要促进教育经济功能、政治功能、文化功能的协调,必须坚持辩证唯物主义和历史唯物主义,坚持教育的经济功能、政治功能、文化功能的整合和协调,在制定和完善教育文本时,必须摆脱"左"的思想或"右"的思想的束缚,使教育文本全面反映经济发展、政治进步和文化繁荣对人的发展的要求、对办学的要求和对教育发展的要求,使教育体制、机制、政策、法律和法规真正成为正确处理政府和企事业举办教育、学校办学、教师执教、学生求学之间利益关系以及充分调动教育各个主体积极性的手段,使学校真正成为面向社会自主办学的法人单位;在教育行动和促进学生身心发展上,必须兼顾经济发展、政治进步和文化繁荣所

---

① [美]约翰·S. 布鲁贝克:《高等教育哲学》,王承绪、郑继伟、张维平、徐辉、张民选译,杭州:浙江教育出版社,2002年版,第32页。

需的知识、能力、责任、义务和态度，在教育规模、结构上，必须满足经济发展、政治进步和文化繁荣对人才的需求。

三、教育的维持功能、适应功能、建构功能之间的协调

教育维持社会运行的功能、适应社会变革的功能、建构社会未来的功能之间的协调，指的是教育文本、教育行动、毕业生个体身心发展，既要体现维持社会良性运行对教育的社会期待，又要体现适应社会积极变革对教育的社会期待，还要体现建构社会美好未来对教育的社会期待。

社会运行既是社会的经济、政治、文化等有规律地向前运动的方式，也是物质文明和精神文明传承和发展的过程。社会运行包含着教育运行，又以教育运行作为必要条件，因为教育是实现劳动力生产和再生产的重要手段，没有劳动力的生产和再生产，社会运行是难以想象的。社会变革是改变社会运行状态的重要手段，而任何社会变革都是以物质文明和精神文明的传承为支撑的，教育作为物质文明和精神文明传承的重要手段，总在不断为社会变革创造着条件。社会未来是社会运行和变革的必然指向，它依赖教育，因为教育总是面向未来的。如果学校培养的人才是对社会期待作出的全面正确的反映，那么，它所体现的教育功能就能维持社会良性运行、适应社会积极变革和建构社会美好未来；反之，如果学校培养的人才不是对社会期待作出的全面正确的反映，它所体现的教育功能就只能维持社会恶性运行、适应社会消极变革和建构社会险恶未来。这意味着，教育的维持功能、适应功能、建构功能有的是积极的，有的是消极的；有的较强，有的较弱。这种积极与消极的互现、强弱的互现意味着教育的维持功能、适应功能、建构功能之间的失调。

这种失调的主要表现是：（1）教育的公平与效率的矛盾突出。教育的公平与效率比较，前者更有利于增强教育的维持功能，而后者更有利于增强教育的适应功能和建构功能。例如，改革开放以前，中国教育注重公平而忽视效率，统得过多过死的教育体制使学校内部缺乏面向社会、面向未来办学的活力和效率。教育发展缺乏

应有的动力，致使教育适应社会积极变革和建构社会美好未来的功能趋向弱化，而教育维持社会良性运行的功能也因缺乏效率支撑而使社会走向忽视知识、忽视人才的境地，"文化大革命"则把这种境地推向极端。改革开放以后，中国教育注重坚持效率优先、兼顾公平的原则，并通过教育体制改革来增强学校主动面向社会、面向未来办学的活力和效率，不仅使教育的适应功能和建构功能大大增强，也使教育在维持社会稳定和良性运行上发挥了积极作用。（2）教育的普及与提高的矛盾突出。教育的普及与提高比较，前者更有利于增强教育的维持功能，而后者更有利于增强教育的适应功能和建构功能。（3）传授知识与培养创新能力的矛盾突出。传授知识与培养创新能力比较，前者更有利于增强教育的维持功能，而后者更有利于增强教育的适应功能和建构功能。

　　导致教育的维持功能、适应功能、建构功能失调的原因主要有以下几个方面：一是教育体制、机制不健全，不能有效整合维持社会良性运行、适应社会积极变革、建构社会美好未来对教育提出的要求，教育内部缺乏活力。二是教育政策、法律、法规的价值取向出现了偏差，从而导致教育行为价值取向也出现了偏差。三是教育文本的制定和教育行动的展开缺乏整合教育的维持功能、适应功能、建构功能的意识。

　　因此，要促进教育的维持功能、适应功能、建构功能之间的协调，就要提高对教育的维持功能、适应功能、建构功能的认识，增强整合意识和协调意识；要把这种整合意识和协调意识贯穿于教育文本制定和教育行动展开的全过程；要正确处理教育规模、结构、质量之间的关系，正确处理教育公平与效率的关系，正确处理文明传承的广度与深度的关系，正确处理人的社会化与人的个性化的关系，正确处理教育的普及与提高的关系，正确处理传授知识与培养创新能力的关系。

第六章 1985年以来中国高等教育功能的优化与协调

在对教育功能优化和协调进行理论分析以后，为了验证这一理论分析的可靠性，下面以1985年以来中国高等教育体制改革为例，对高等教育功能的优化与协调进行实践分析。之所以选择以1985年为分析起点，是因为这一年发布了《中共中央关于教育体制改革的决定》，教育发展从此进入了新的阶段。

第一节 1985年以来中国高等教育体制改革的回顾

虽然1977年恢复了高考，但是，直到1985年发布《中共中央关于教育体制改革的决定》，中国高等教育才真正走上良性运行的轨道。

一、1985年以来中国高等教育体制改革的历史进程

1985年发布《中共中央关于教育体制改革的决定》以前，新中国高等教育事业的发展走过了曲折的道路，高等教育功能的内生和外生都存在严重的体制性约束。

经过解放初期的接管改造和以高等学校院系调整为中心的教育改革，我们把旧中国的半殖民地半封建高等教育事业转变成为社会主义高等教育事业。经过三十几年的努力，高等教育事业取得了中国历史上从来没有过的巨大发展。但是，从五十年代后期开始，由于全党工作重点一直没有转移到经济建设上来，由于"以阶级斗争为纲"的"左"的思想的影响，高等教育事业受到"左"的政治运动的频繁冲击。"十年动乱"更使这种"左"的错误走向否定知识、轻视人才、迫害知识分子、停止高等学校招生的极端，从而

使高等教育事业遭到严重破坏,广大高等教育工作者遭受严重摧残,耽误了整整一代青少年的成长,并且使中国高等教育事业同世界发达国家之间在许多方面本来已经缩小的差距又拉大起来。反映"极左"思想的僵化高等教育体制极大地压抑了广大高等教育工作者教学和大学生学习的积极性,高等教育质量大幅下降,发展速度缓慢,结构失调,致使高等教育功能的内生严重缺乏动力和活力。同时,由于人才普遍不受重视,大学毕业生的劳动积极性备受压抑,高等教育功能的外生也同样严重缺乏动力和活力。

粉碎"四人帮"以后,中央政府及时果断地恢复了高考招生制度,党的十一届三中全会以后,党中央又对高等教育工作作出了一系列新的论断和决策,中国高等教育事业开始走上了蓬勃发展的道路。但是,高等教育功能内生和外生的体制性约束并没有解除,高等教育内部仍然缺乏活力,高等教育的落后面貌并没有发生根本性好转,改革高等教育体制迫在眉睫。党中央及时分析了形势,于1985年5月27日发布了《中共中央关于教育体制改革的决定》(以下简称《教育体制改革决定》),认为在教育领域,"轻视教育、轻视知识、轻视人才的错误思想仍然存在,教育工作方面的'左'的思想影响还没有完全克服,教育工作不适应社会主义现代化建设需要的局面还没有根本扭转。特别是面对着中国对外开放、对内搞活、经济体制改革全面展开的形势,面对着世界范围的新技术革命正在兴起的形势,中国教育事业的落后和教育体制的弊端就更加突出了。现在的主要问题是:(1)在教育事业管理权限的划分上,政府有关部门对学校主要是对高等学校统得过死,使学校缺乏应有的活力;而政府应该加以管理的事情,又没有很好地管起来。(2)在教育结构上,基础教育薄弱,学校数量不足、质量不高、合格的师资和必要的设备严重缺乏,经济建设大量急需的职业和技术教育没有得到应有的发展,高等教育内部的科系、层次比例失调。(3)在教育思想、教育内容、教育方法上,从小培养学生独立生活和思考的能力很不够,发扬立志为祖国富强而献身的精神很不够,生动活泼地用马克思主义思想教育学生很不够,不少课程内容陈旧,教学方法死板,实践环节不被重视,专业设置过于狭窄,不同程度地脱离了经济和社会发展的需要，落后于当代科学文化的发展"①。于是，中央在《教育体制改革决定》中作出了"把发展基础教育的责任交给地方，有步骤地实行九年制义务教育；调整中等教育结构，大力发展职业技术教育；改革高等学校的招生计划和毕业生分配制度，扩大高等学校办学自主权；加强领导，调动各方面积极因素，保证教育体制改革的顺利进行"等重大决定。

《教育体制改革决定》在改革大学招生的计划制度和毕业生分配制度方面，决定实行三种办法：一是国家计划招生，其毕业生分配"实行在国家计划指导下，由本人选报志愿、学校推荐、用人单位择优录用的制度"；二是用人单位委托招生，其毕业生应按合同规定到委托单位工作；三是在国家计划外招收少数自费生，其毕业生可以由学校推荐就业，也可以自谋职业。在扩大高等学校办学自主权方面，决定"在执行国家的政策、法令、计划的前提下，高等学校有权在计划外接受委托培养学生和招收自费生；有权调整专业的服务方向，制订教学计划，编写和选用教材；有权接受委托或与外单位合作，进行科学研究和技术开发，建立教学、科研、生产联合体；有权提名任免副校长和任免其他各级干部；有权具体安排国家拨发的基建投资和经费；有权利用自筹资金，开展国际的教育和学术交流，等等"。在高等学校办学体制方面，决定"实行中央、省（自治区、直辖市）、中心城市三级办学的体制"。在高等教育结构调整方面，决定"加快财经、政法、管理等类薄弱系科和专业的发展，扶持新兴、边缘学科的成长"，同时，"着重加快高等专科教育的发展"。

《教育体制改革决定》从根本上突破了过去政府对高等教育统得过多、统得过死的僵化体制，高等学校开始有了一定的办学自主权，高等学校办学开始有了活力。随后，各高等学校表现出抢招"委培生"、"自费生"的巨大积极性，尽管各地各高等学校计划外招生分配极不平衡，加强对"委培生"、"自费生"招生的宏观调

---

① 《中共中央关于教育体制改革的决定》，1985 年 5 月 27 日，中发 [1985] 12 号。

控成为亟待解决的新问题,但是,从总体上看,"委培生"、"自费生"的招生数量还是相当有限的,各高等学校招收少量"委培生"、"自费生"并没有从根本上解决教育投入不足、教师待遇偏低、办学条件较差、教育思想、教学内容和教学方法程度不同地脱离实际等问题,教育在总体上仍然处于落后状态。特别是在党的"十四大"提出建立社会主义市场经济体制以后,高等教育体制和运行机制不适应日益深化的经济、政治、科技体制改革的需要,特别是不适应建立社会主义市场经济体制的需要的问题日益凸显出来,高等教育体制改革需要继续深化。于是,1993年2月13日中共中央、国务院印发了《中国教育改革和发展纲要》(以下简称《纲要》)。它标志着中国高等教育体制改革进入了一个新阶段。

《纲要》以邓小平同志南方讲话和党的十四大精神为指导,以经济体制、政治体制和科技体制改革为前提,以办学体制、管理体制、投资体制、招生和毕业生就业制度、学校内管理体制改革继续全面深化为基础,确定了跨世纪高等教育改革的方向、目标和战略,提出了深化高等教育体制改革的新要求,决定把"解决政府与高等学校、中央与地方、国家教委与中央各业务部门之间的关系,逐步建立政府宏观管理、学校面向社会自主办学的体制"作为高等教育体制改革的主要目标,为此,对高等教育体制主要进行了以下几方面的重大改革:(1)在政府与学校的关系上决定"要按照政事分开的原则,通过立法,明确高等学校的权利和义务,使高等学校真正成为面向社会自主办学的法人实体"。(2)在中央与地方的关系上决定"进一步确立中央与省(自治区、直辖市)分级管理、分级负责的教育管理体制"。(3)在国家教委与中央业务部门的关系上决定"国家教委负责统筹规划、政策指导、组织协调、监督检查、提供服务"。(4)在改革高等学校的招生和毕业生就业制度方面,决定"改变全部按国家统一计划招生的体制,实行国家任务计划和调节性计划相结合";决定"改革学生上大学由国家包下来的做法,逐步实行收费制度";决定"改革高等毕业生'统包统分'和'包当干部'的就业制度,实行少数毕业生由国家安排就业,多数由学生'自主择业'的就业制度"。(5)在完善研究生培养和学位制度方面，决定"通过试点，改进硕士学位授权点和博士生导师的审核办法，同时加强质量监督和评估制度"。(6) 在改革对高等学校的财政拨款机制，充分发挥拨款手段的宏观调控作用方面，决定"对于不同层次和科类的学校，拨款标准和拨款方法应有所区别。改革按学生人数拨款的方法，逐步实行基金制，在国家和地方预算下达的教育经费之外，学校可依法筹集资金"。(7) 在深化同教育体制改革相配套的人事劳动制度改革方面，决定积极推进以人事制度和分配制度改革为重点的学校内部管理体制改革，"在合理定编的基础上，对教职工实行岗位责任制和聘任制，在分配上按照工作实绩拉开差距"。决定建立和完善高等学校毕业生的考核录用制度，"推行学历文凭、技术等级证书、岗位资格证书并重的制度，扭转升学、文凭、职称对于教育运行的片面导向作用"，"逐步建立职业岗位资格考核机构，实施各种岗位的资格考试和资格证书制度"；决定改革高等学校职称评定和职务聘任制度，"评定职称既要重视学术水平，又要重视有实用价值的研究成果和教学工作、技术推广应用的实绩"，同时实现"高等学校教师实行聘任制"，并致力于"动用劳动工资等政策杠杆，推动教育体制改革"，规定"大、中专学校毕业生的起点工资，用人部门可以按照实际水平和实际表现拉开档次"，规定"为鼓励各级各类学校毕业生到农村、边远地区、艰苦行业工作，各地要制定津贴和奖励政策"，等等。

1995年国务院办公厅转发了《关于深化高等教育体制改革的若干意见》（以下简称《意见》），进一步推动了高等教育体制改革的深化。《意见》以"共建、划转、合并、合作办学和参与办学"为主要途径，对高等教育管理体制改革实施了重点突破，确立了"基本形成举办者、管理者和办学者职责分明，以财政拨款为主多渠道经费投入，中央和省、自治区、直辖市人民政府两级管理、分工负责，以省、自治区、直辖市人民政府统筹为主，条块有机结合的体制框架"的改革目标。《意见》对举办者、管理者和办学者以及他们的职责作了明确规定，即"举办者可以是各级政府及有关部门，也可以是企业、事业、具有法人资格的社会团体或公民个人,他们可以单独,也可以联合举办";"教育行政管理者主要是国务院和省、自治区、直辖市两级教育行政部门,负责统筹规划和宏观管理全国或本省、自治区、直辖市的高等教育,行使教育行政管理权";"办学者是具有法人资格的高等学校。学校作为独立办学的法人实体,要依法充分行使自主办学权力,在专业设置、招生、指导毕业生就业、教育教学、科学研究、技术开发、筹措和使用经费、机构设置、人事安排、职称评定、工资分配、对外交流和学校管理等方面拥有法律、法规规定的权限,真正实行面向社会依法自主办学"。

在贯彻落实《纲要》和《意见》的过程中,高等学校从以前具有一定自主权向自主办学的法人实体转变,"委培生"、"自费生"的招生数量纳入国家调节性计划使各高等学校计划外招生不平衡状况有所好转,高等学校逐步实行收费制度也使高等学校办学经费不足的困难有所缓解,同教育体制改革相配套的人事劳动制度改革和学校内部管理体制改革使高等学校办学活力进一步增强,高等教育规模稳步扩大,教学改革逐步深化,办学条件和教育质量有了提高。但是,高等教育发展水平仍然偏低,创造性人才的缺乏成为制约中国创新能力和竞争能力的主要因素之一,高等教育体制仍然制约着高等教育的发展和创新人才的培养,继续深化高等教育体制改革又开始变得十分紧迫。于是,1998年12月24日教育部颁发了《面向21世纪教育振兴行动计划》。

该计划在深化办学体制改革方面,要求"认真贯彻国务院对于社会力量办学实行'积极鼓励,大力支持,正确引导,加强管理'的方针,今后3~5年,基本形成以政府办学为主体、社会各界共同参与、公办学校和民办学校共同发展的办学体制"。为此,该计划决定制定有利于吸纳社会资金办教育和民办学校发展的优惠政策,"民办学校的教师和学生,在评定职称、业务培训、升学考试、社会活动等方面享有与公办学校教师、学生的同等待遇",同时"国家设立社会力量办学表彰奖励基金,对有突出贡献的集体和个人给予表彰";决定把社会力量办学纳入依法办学、依法管理的轨道,规定"社会力量办学不以营利为目的,鼓励滚动发展",

同时"要保证社会力量举办的教育机构自主办学的法人地位,高等教育机构可面向社会自主招生,依法自行颁发非学历教育学生的结业证书,也可组织学生参加国家举办的自学考试或学历文凭考试,取得国家承认的学历证书";提出"公办学校办学体制改革,要在政府教育行政部门的指导下进行试点",决定"高等教育阶段主要以地方高校和成人高校为对象,探索多种形式的办学模式",等等。

《面向21世纪教育振兴行动计划》把社会力量办学纳入依法办学、依法管理的轨道,确立了以政府办学为主体、社会各界共同参与、公办学校和民办学校共同发展的办学体制,这为后来的"高校扩招"奠定了体制基础,随后,高等教育发展进入快车道,高等学校办学经费一半以上来自国家调节性计划招生的收费,高等教育质量和可持续发展问题也随着显露出来。于是,2004年2月10日教育部颁发了《2003—2007年教育振兴行动计划》,决定深化学校内部管理体制改革,探索建立现代学校制度。为此,该计划要求"高等学校要坚持和完善党委领导下的校长负责制,推进依法办学、民主治校、科学决策,健全学校的领导管理体制和民主监督机制",逐步形成"自主管理、自主发展、自我约束、社会监督"的机制。

1985年以来高等教育体制改革的历史进程表明,高等教育发展的动力和活力随着高等教育体制改革的不断深化而不断增强,高等教育发展也随之不断加快。到2007年,全国各类高等教育总规模超过2700万人,高等教育毛入学率达到23%。

二、1985年以来中国高等教育体制改革的基本经验

1985年以来,中国高等教育体制改革总体来说是成功的,不仅为高等教育发展注入了强大的动力和巨大活力,促进了高等教育发展,而且为今后的进一步深化提供了经验。这一时期,中国高等教育体制改革的基本经验主要有以下几点:

(一)坚持有步骤地扩大高等学校办学自主权

1985年以来中国高等教育体制改革的一个基本经验,就是坚

持有步骤地扩大高等学校办学自主权。1985年以前中国高等教育体制的主要弊端是政府包得过多、统得过死,高等学校缺乏办学自主权,因此,扩大高等学校办学自主权就成为中国高等教育体制改革的突破口。就高等教育体制改革而言,如何扩大高等学校办学自主权,面临两种选择,一是有步骤地扩大高等学校办学自主权,一是一步到位地把办学自主权交给高等学校。党中央在推进中国高等教育体制改革的过程中选择了前者。

1985年发布的《教育体制改革决定》扩大了高等学校办学的六种权力:即"在执行国家的政策、法令、计划的前提下,高等学校有权在计划外接受委托培养学生和招收自费生;有权调整专业的服务方向,制订教学计划和教学大纲,编写和选用教材;有权接受委托或与外单位合作,进行科学研究和技术开发,建立教学、科研、生产联合体;有权提名任免副校长和任免其他各级干部;有权具体安排国家拨发的基建投资和经费;有权利用自筹资金,开展国际的教育和学术交流,等等"。1993年发布的《纲要》对办学体制进行了改革,改变了政府包揽办学的格局,逐步建立"以政府办学为主体、社会各界共同办学的体制",这意味着政府赋予高等学校成为面向社会自主办学的法人实体的权力。《纲要》还赋予高等学校与其主管部门确定调节性计划招生的权力、定编定岗和聘任的权力、对教职工工资按照工作实绩进行分配的权力,等等。1998年颁发的《面向21世纪教育振兴行动计划》又赋予高等教育机构可面向社会自主招生的权力,这意味着高等学校已经真正成为面向社会自主办学的法人实体。

众所周知,高等学校面向社会自主办学的能力,有一个不断提高的过程,从旧体制到新体制,如果放权一步到位,势必造成高等学校驾驭办学自主权的能力一时不足,自主办学的混乱局面一时就难以避免。另外,没有约束的权力势必导致权力的乱用。随着高等学校办学自主权的扩大,高等学校的权利和义务必须通过立法重新加以界定,以便构成高等学校办学自主权的法律约束,这种立法的出台和法律约束机制的形成也需要一个循序渐进的过程。因此,有步骤地扩大高等学校办学自主权,使高等学校渐进地成为面向社会自主办学的法人实体，有效地兼顾了改革与发展两方面。

(二) 坚持有力地调动师生积极性

1985 年以来中国高等教育体制改革的另一个基本经验，就是坚持有力地调动师生积极性。高等学校教师的教学和学生的学习有没有积极性，是高等教育成败的决定因素，是高等教育体制是否充满活力的试金石。1985 年以前，"左"的思想的影响和"左"的政治运动的冲击固然打击了高等学校教师教学和学生学习的积极性，但高等教育体制中存在着"教师教好教坏一个样"的教师收入分配制度和"学生学好学坏一个样"的就业制度，这是压抑高等学校教师教学积极性和学生学习积极性的主要原因。因此，高等教育体制改革的根本任务就是调动师生积极性。

1985 年发布的《教育体制改革决定》提出了调动教师教学积极性的两个重要手段：一是"为教师切实地解决一些问题"；二是"使教师工作成为最受人尊重的职业之一"。教师由过去的"臭老九"变成现在最受人尊重的职业，当时，这对教师是一个多么大的鼓舞啊！该决定通过实行"先培训，后就业"的原则，对"委培生"和"自费生"收取一定的培养费，建立毕业生选报志愿、学校推荐、用人单位择优录用的制度，以调动学生学习的积极性，这就使得大学生学习从"60 分万岁"向"要学习要学好"的方向转变。

1993 年发布的《纲要》在调动师生积极性上所采取的措施是全方位的，其力度之大前所未有。在高校确立职称评定和职务聘任制度，政府承诺使高等学校平均工资高于全民所有制企业职工平均水平并保证教师的工资水平随国民收入的增长逐步提高，在高校确立使贡献大的、教学质量高的教师有更高的工资收入的工资制度，在高校确立使学校教职工住房条件有明显改善的教师住房福利制度，在高校建立医疗、退休保险等方面的教师保障制度，在高校施行对优秀教师和教育工作者要进行精神物质的奖励，对有突出贡献的教师要给予特殊津贴或奖励，等等。《纲要》中这些体制安排赋予高等学校教师积极性以经久不绝的动力和活力。同样，《纲要》在调动大学生学习积极性上所采取的措施主要包括：用人部门可以按照实际水平和实际表现拉开毕业生起点工资的档次,推行毕业生与用人单位"双向选择"、"自主择业"的就业制度,实行学生上大学的收费制度和贷学金、奖学金制度,等等,其力度之大也是前所未有的。

(三) 坚持有条不紊促发展、调结构、提质量、求公平

1985年以来中国高等教育体制改革的第三个基本经验,就是坚持有条不紊促发展、调结构、提质量、求公平。邓小平指出:"发展是硬道理。"经济和社会要发展,教育也要发展。发展既要有量的增加,又要有结构的优化,还要有质量的提高和公平的推进。中央之所以要改革1985年以前的高等教育体制,就在于这种体制严重阻碍了高等教育的规模发展、结构优化、质量提高和公平推进。问题在于,一方面,高等教育体制改革要促发展、调结构、提质量、求公平;另一方面,促发展、调结构不可一哄而上,提质量、求公平不能一蹴而就,必须有条不紊地进行。

为了有条不紊地促发展、调结构、提质量、求公平,1985年发布的《教育体制改革决定》在扩大高等学校办学自主权、调动师生积极性的同时,还通过实行中央、省(自治区、直辖市)、中心城市三级办学的体制,实现中央和地方政府的教育拨款的增长高于财政经常性收入的增长和在校学生人数平均教育费用逐步增长等措施,来加快高等教育发展,通过加快财经、政法、管理等类薄弱系科和专业的发展,扶持新兴、边缘学科的成长,来调整高等教育结构;通过把高等学校办成教育中心和科学研究中心来提高高等教育质量;通过国家考试按成绩录取大学生来讲求高等教育公平。1993年发布的《纲要》决定进一步通过集中中央和地方等各方面的力量办好100所左右重点大学和一批重点学科、专业来促发展;进一步通过制定高等学校分类标准和相应的政策措施,发展成人学历教育和终生教育来调结构;进一步通过认真贯彻党的教育方针,加强德育工作,建立各级各类教育的质量标准和评估指标体系,加强高等学校师资培养培训工作来提质量;进一步通过实行小学毕业生就近入学、初中毕业生升学考试、高中毕业会考和高考制度来求公平。1998年教育部颁发的《面向21世纪教育振兴行动计划》又

决定进一步通过实施"高层次创造性人才工程"、"985 工程"、"211 工程"、"现代远程教育工程"、"高校高新技术产业化工程",依法保证教育经费的"三个增长",来促发展、调结构、提质量、求公平。2004 年教育部颁发的《2003—2007 年教育振兴行动计划》又决定进一步通过实施"高层次创造性人才计划"、"研究生教育创新计划"、"高等学校科技创新计划"、"高等学校哲学社会科学繁荣计划"、"职业教育与培训创新工程"、"高等学校教学质量与教学改革工程"、"促进毕业生就业工程"、"教育信息化建设工程"、"高素质教师和管理队伍建设工程",来促发展、调结构、提质量、求公平。

第二节 高等教育体制改革的教育功能效应

从某种意义上讲,1985 年以来中国高等教育体制改革不断深化的过程,即是各种高等教育功能不断优化与协调的过程。这种优化与协调反映了改革所产生的教育功能效应,体现在高等教育过程和经济与社会发展过程之中其表现形式也是多种多样的。限于篇幅,本书仅就大学生从被动学习到主动学习、高等学校从被动适应到主动适应和高等学校办学从一个积极性到多个积极性这三个方面,来说明高等教育体制改革所带来的各种高等教育功能的不断优化与协调,以说明这种改革产生的教育功能效应。

一、个体功能与社会功能的优化与协调——大学生被动学习向主动学习的转化

前面已经指出,一定社会对人的发展提出的要求是一种社会期待,高等教育把这种社会期待转化为大学生自身发展的需要,并使之得到满足,从而产生高等教育的内生功能。大学毕业生把在接受高等教育过程中获得的并体现在自身发展上的知识、能力、工作态度等运用于实践,从而促进经济和社会的发展,使内生在他身上的高等教育功能得以外化,进而产生高等教育的外生功能。高等教育把社会期待转化为大学生自身发展的需要,在一定程度上取决于大学生对社会期待所持的认识和态度,积极的认识和态度有利于这种

第六章 1985年以来中国高等教育功能的优化与协调

转化,从而有利于高等教育功能的内生;反之,消极的认识和态度不利于这种转化,从而不利于高等教育功能的内生。高等教育满足大学生自身发展的需要,在一定程度上取决于大学生学习过程中满足自身发展需要所采取的行动,积极的行动有利于这种满足,从而有利于高等教育功能的内生;反之,消极的行动不利于这种满足,从而不利于高等教育功能的内生。大学生自身发展的需要与社会期待之间的"契合"程度越高,高等教育的个体功能就越优,个体功能与社会功能就越协调;反之,大学生自身发展的需要与社会期待之间的"契合"程度越低,高等教育的个体功能就越劣,个体功能与社会功能就越不协调。这意味着,如果高等教育体制改革能调动大学生学习的积极性,促使大学生由被动学习转化为主动学习,那么,高等教育体制改革就使大学生对社会期待所持的认识和态度更加积极了,从而提高了大学生自身发展的需要与社会期待之间的"契合"程度,推动了高等教育的个体功能的优化,推动了个体功能与社会功能的协调。那么,1985年以来中国高等教育体制改革究竟给高等教育的个体功能和社会功能的优化和相互协调带来了什么效应呢?

事实上,1985年以来中国高等教育体制改革不断深化的过程,是促使大学生由被动学习转向主动学习的过程。在这个过程中,随着高等教育的个体功能的不断优化及其与社会功能的日益协调,高等教育功能产生了放大效应。

(一) 1985年教育体制改革引导大学生由体制性被动学习向体制性主动学习转化

改革开放以前,大学生体制性被动学习对高等教育功能带来了消极影响。改革开放前的大学生处于体制性被动学习的状态。支持这一判断的一个重要理由是:在大学毕业生国家统一分配制度和国家统一起点工资制度下,大学生大可不必为毕业后的就业和薪金担心,他们一旦上了大学,就有一个确定的未来,只要他们按大学专业课程设置计划完成学业,这个确定的未来就能变成现实,于是,他们成了毕业分配、起点工资和课程设置的被动接受者。另外,高等教育受"以阶级斗争为纲"的影响,招生分配存在"唯成分论",学习成绩优秀极易被歪曲为"白专道路",许多大学生成为优秀学习成绩的"逃避者"和"回避者",学业平平成为"红专道路"的一种注释,他们脑海里几乎难以保持主动学习的"心向",几乎沦为自己命运和社会期待的奴隶。对他们而言,放弃主宰自己命运的被动学习虽然是人的自由的本质的部分丧失,但却是"比较轻松"的学习;社会期待完全服从于制度安排,自身发展的需要依据制度安排来实现与社会期待之间的"契合",他们对社会期待的认识和态度虽然可以改变自身发展的新需要,但不能改变满足自身发展新需要的高等教育,因为高等教育完全服从于制度安排而不以他们的新需要为转移。所以,在这种情形下,大学生对社会期待的认识和态度是消极的和被动的,高等教育的个体功能被压缩在一个很小的可控的范围内。对社会而言,放弃主宰自己命运和体察社会期待的被动学习虽然有利于实现"压抑个人"的社会本质,但却以"比较轻松"的学习为代价,丧失了充分开发人的智慧潜能的机会,从而不利于加快经济和社会发展,高等教育的社会功能同样被压缩在一个很小的可控的范围内,而人的本质自由占有的部分丧失,以及大学生自身发展新需要的形成和满足的制度性障碍,使高等教育的个体功能与社会功能难以在社会期待的变化中实现动态协调,因为变化了的社会期待可能由于未变化的制度安排而不能转化为大学生自身发展的新需要以及满足这种新需要的新高等教育安排。大学生这种体制性被动学习的弊端严重压抑着高等教育个体功能与社会功能的形成和优化,从而成为"使中国教育事业同世界发达国家之间在许多方面本来已经缩小的差距又拉大起来"的重要原因之一。

1985年教育体制改革以后,大学生体制性主动学习对高等教育功能产生了的积极影响。1985年的教育体制改革确立了"先培训,后就业"的原则,取消了"企事业单位职工退休用子女顶替就业"的做法,这就使得企事业单位职工子女,在就业期待上由被动盼望父母退休转向主动接受继续教育;在对待"社会期待"的态度上由被动消极变为主动积极;在对待继续教育的态度上由"要我学"变为"我要学"。1985年教育体制改革后持续高涨的高考火爆局面,就是这种转变的一种佐证。

1985年高等学校允许招收"委培生"和"自费生"的改革,不仅使考生有更多机会上大学,而且引导考生寻找委培单位,这就客观上起到了让考生了解人才市场的作用,有利于他们所选专业更符合人才市场需求,有利于"社会期待"转化为考生的"求学需要",有利于把委培单位对大学生的资助转化为大学生学习动力。"自费生"的学费也许来自家庭,也许来自自己课外打工所得,无论如何,学费来之不易,这会激励"自费生"更加珍惜来之不易的学习机会,更加重视学费的自我补偿,更加主动地了解人才市场需求,更加主动地选择攻读那些人才市场急需的专业,使他们的"求学需要"更易于转化为他们的"求学动力",使他们的"求学需要"更贴近"社会期待"。

1985年推行大学毕业生择优录用制度的改革,其重大意义不仅在于好工作眷顾学习成绩好的学生,学习积极性和主动性得以大大提高,而且在于让所有的大学生都去关心和了解人才市场状况,关心和了解大学毕业生就业现状,关心和了解社会对大学生的要求,也就是关心和了解高等教育的"社会期待"。高度分散的人才需求信息在这样的关心和了解过程中不经意地向高等教育聚集,这不仅大大降低了"社会期待"分析和转化的成本,而且大大降低了"社会期待"分析和转化的风险,还极大地提高了高等教育反映"社会期待"的真实性和可靠性。

总之,1985年的教育体制改革,带来的是大学生由被动学习转化为主动学习的体制性效应,它反映在高等教育功能上就是"社会期待"向大学生"求学需要"和"求学动力"的积极转化,"社会期待"分析和转化成本与风险的降低,高等教育反映"社会期待"的真实性和可靠性的提高。高等教育的个体功能在这种积极转化中得以优化,高等教育的个体功能与社会功能在这种积极转化中变得更加协调。信息具有不完全性,人们认识"社会期待"也有局限性,由此带来的高等教育服务社会和未来的功能的不确定性,也就随"社会期待"分析和转化成本与风险的降低而降低,也就随高等教育反映"社会期待"的真实性和可靠性的提高而降低。因此，1985年的教育体制改革因大学生由体制性被动学习转化为体制性主动学习而促进了高等教育个体功能的优化，同时促进了高等教育个体功能与社会功能的协调。

（二）1993年《纲要》引导大学生由体制性被动学习向机制性主动学习转化

1993年《纲要》发布以前，大学生机制性被动学习对高等教育功能带来了消极影响。大学生体制性主动学习局面的形成是1985年的教育体制改革的重要成果，不过，要长期维持这种局面还需构建有效机制，特别要构建有效的个人教育成本补偿机制。在人才严重短缺的情况下，企业因急需人才而有资助和接纳"委培生"的强烈意愿。但是，随着高等教育的不断发展，到20世纪90年代，人才严重短缺局面已经大大缓解，企业资助和接纳"委培生"的意愿大大下降，"委培生"慢慢演变成"自费生"，而"自费生"的就业形势也日益变得严峻起来，僵化的工资机制使"自费生"个人教育成本难以补偿，"自费生"与"公费生"在学费支付上的巨大差异所导致的教育不公也日益引起社会和"自费生"的不满，于是，"自费生"个人教育成本补偿的这种僵化机制就成了制约"自费生"学习积极性的瓶颈。在僵化的工资机制下，无论是"自费生"还是"公费生"，他们学习成绩的好坏与个人教育成本补偿的多少缺乏联系，也就是说，对于个人教育成本补偿而言，他们的学习处于被动状态。因此，大学生这种机制性被动学习不利于高等教育个体功能形成和优化。而个人教育成本补偿机制的僵化，又使许多工作条件相对艰苦的专业不受欢迎，使许多相对落后的地区难以吸引大学毕业生就业，这样，大学生的"求学需要"和"求学动力"就与"社会期待"出现了一定程度的背离，高等教育的个体功能与社会功能之间就出现了一定程度的"裂痕"。因此，大学生这种机制性被动学习不利于高等教育个体功能与社会功能的协调。

1993年《纲要》发布以后，大学生机制性主动学习对高等教育功能产生了积极影响，大学毕业生择优录用制度得到进一步完善，开始推行大学毕业生与用人单位"双向选择"、"自主择业"

的就业制度，同时，用人部门可以按照实际水平和实际表现拉开毕业生起点工资的档次，实行学生上大学的收费制度和贷学金、奖学金制度。如果说"大学毕业生择优录用制度"还多少带有国家计划分配的成分，就业的主动权仍然掌握在国家手中，那么，"大学毕业生与用人单位'双向选择'、'自主择业'的就业制度"就把大学毕业生就业推向市场，就业的主动权就掌握在大学毕业生和用人单位手中。这不仅强化了大学生体制性主动学习的积极性，而且为个人教育成本补偿市场机制的构建扫除了就业制度性障碍。而"用人部门可以按照实际水平和实际表现拉开毕业生起点工资的档次"的规定，则使个人教育成本补偿市场机制成为现实。这时，大学生不仅要关心人才市场，而且要关心起点工资，在学习上主动适应人才市场需求，主动为获得起较高的起点工资而学习。毕业生起点工资档次的拉开是对大学收费制度的支撑，即通过起点工资档次的拉开来有区别地补偿大学生自担的教育成本。这种区别来自大学生对人才市场变动的正确判定，对自身学习生涯的合理规划，对就业方向的正确选择，也就是说，对于有区别的教育成本补偿而言，他们的学习处于主动状态。因此，大学生这种机制性主动学习，使高等教育个体功能的形成和优化具有更强的内生动力，使"社会期待"向"求学需要"和"求学动力"的转化在个人教育成本补偿市场机制的激励下充满活力，使高等教育的个体功能与社会功能更加易于形成"契合"。

二、经济、政治、文化功能的优化与协调——高等学校被动面向社会办学向主动面向社会办学的转化

前面已经指出，教育具有促进经济、政治、文化发展的社会功能，高等教育也是如此。高等教育的经济功能主要表现为高等教育促进经济发展的能力和功效。经济发展主要是指经济增长和经济结构优化升级，它对高等教育的"社会期待"，在微观上要求学生具备提高劳动生产率的知识、能力、责任、义务和态度（较高的质量），在宏观上要求学生在数量和结构上能满足经济发展的需要。同样，高等教育的政治功能主要表现为高等教育促进政治进步的能

力和功效。政治进步主要是指处理国内各阶层各方面关系和国际关系的民主、法制、公平、正义、安全、和平、发展、变革、稳定等政治形态的优化提升,它对高等教育的"社会期待",在微观上要求学生具备推动民主、法制、公平、正义、安全、和平、发展、变革、稳定等政治形态优化提升的知识、能力、责任、义务和态度,在宏观上要求学生在数量和结构上能满足政治进步的需要。同样,高等教育的文化功能主要表现为高等教育促进文化繁荣的能力和功效。文化繁荣主要是指思想观念、价值取向、行为规范、社会风尚和体制机制的健康发展以及文化产品的丰富发达。它对高等教育的"社会期待",在微观上要求新生专门人才具备促进思想观念、价值取向、行为规范、社会风尚和体制机制等文化形态的健康发展以及文化产品的丰富发达的知识、能力、责任、义务和态度,在宏观上要求新生专门人才在数量和结构上能满足文化繁荣的需要。那么,1985年以来中国高等教育体制改革究竟给高等教育的经济功能、政治功能和文化功能的优化和相互协调带来了什么效应呢?

不难看出,1985年以来中国高等教育体制改革不断深化的过程,是促使高等学校由被动面向社会转向主动面向社会的过程。在这个过程中,随着高等教育的经济功能、政治功能和文化功能的不断优化和相互协调,高等教育功能产生了放大效应。

(一) 1985年教育体制改革引导高等学校由体制性被动面向社会办学转向体制性主动面向社会办学

改革开放以前,高等学校体制性被动面向社会办学对高等教育功能带来了消极影响。改革开放以前,高等教育体制的最大弊端就是国家对高等学校办学统得过多过死,高等学校办学缺乏自主权,内部缺乏活力,一切按国家计划行事,严重束缚了高等学校的"头脑"和"手脚",高等学校不得不被动面向社会。在这样的状态下,高等教育的大政方针难以准确反映"社会期待",因为,高等学校既然一切按国家计划行事,没有自主面向社会办学的权力,当然就没有必要去了解和研究社会对高等教育提出的要求,而反映这种要求的信息高度分散,如果没有高等学校的积极参与而单靠国家计划部门的努力,这种信息较全面较准确地获取是难以做到的,高等教育大政方针难以准确反映"社会期待"就是不言而喻的。这样,一切按国家计划行事的高等学校所提供的高等教育与"社会期待"之间就可能有较大的距离,高等教育功能就会大打折扣。

另外,在这种状态下,高等教育的大政方针也难以在高等学校得到全面贯彻落实,因为,一个内部缺乏活力、被动面向社会办学的高等学校,缺乏贯彻落实高等教育大政方针的积极性、主动性、创造性,高等学校出台的办学方针和措施与高等教育大政方针之间存在较大的距离。同样,由于高等学校内部缺乏活力,广大教师贯彻落实高等学校依据高等教育大政方针而制定的办学方针和措施的积极性也不高,高等学校办学行为和成果与办学方针和措施之间存在较大的距离。这就进一步拉大了高等教育与"社会期待"之间的距离。因此,这种国家对高等学校办学统得过多过死的高等教育体制造成了高等教育反映"社会期待"的准确率在各个管理层次上的逐级下降,高等教育功能受到抑制和削减。

在这种高等学校体制性被动面向社会的体制下,高等教育功能受到抑制和削减还具体表现在高等教育的经济功能、政治功能、文化功能的弱化和失衡。我们知道,国家统得过多过死的高等教育体制既是"左"的思想的产物,又助长了"左"的思想的泛滥,高等教育在"以阶级斗争为纲"思想的左右下被当做阶级斗争工具而片面加以强调,在"知识越多越反动"的影响下被当做"小资产阶级思想的温床"而片面加以惩治,其政治功能被扭曲为阶级斗争功能,阶级斗争知识几乎取代了民主、法制、公平、正义、安全、和平、发展、变革、稳定等政治形态的知识,并被当做政治知识的主线而加以传授,致使高等教育的政治功能趋向片面化、畸形化。与此同时,高等教育在"知识无用论"的影响下忽视科学技术知识的传授、科研能力的提高、劳动责任、义务和态度的培养,致使高等教育的经济功能趋向弱化、低度化。而高等教育在"文化大革命"思想的左右下无视国内外许多先进的文化和优秀的文化遗产,用"阶级斗争"文化形态取代思想观念、价值取向、行为规范、社会风尚和体制机制等文化形态,致使高等教育的文化功能趋向片面化、低度化。由于"政治挂帅"和"以阶级斗争为纲",高等教育的阶级斗争功能取代政治功能而挤压了经济功能和文化功能的形成和发展空间,致使高等教育的经济功能、政治功能、文化功能严重失衡。

1985年教育体制改革以后,高等学校体制性主动面向社会办学对高等教育功能产生了积极影响。1985年教育体制改革使高等学校有了一定的办学自主权,招收"委培生"、"自费生"的积极性高涨,主动面向社会办学的局面开始出现。为了提高办学质量、争取招收更多的"委培生"、"自费生",各高等学校主动调整专业服务方向,主动制订教学计划和教学大纲,主动编写和选用教材,主动与外单位合作,主动进行科学研究和技术开发,主动建立教学、科研、生产联合体,主动自筹资金办学,主动开展国际的教育和学术交流,主动改善内部管理和提高办学效率。这就迫使高等学校不得不主动走出去,了解企事业单位的人才需求,了解家庭和社会的高等教育需求,了解社会对高等教育发展与改革提出的建议,总之就是了解高等教育的"社会期待",并利用自主办学的权力去实现高等教育的"社会期待",同时将自己所获得的"社会期待"信息通过各种渠道传递给政府和社会,使政府和社会的高等教育决策更加准确地反映"社会期待"。为了提高办学质量,高等学校不得不努力提高教师教学和大学生学习的积极性,这就推动了高等教育"社会期待"文本向高等教育实际行动的转化,向大学生求学需要的转化,向大学教师执教需要的转化,从而推动了高等教育"社会期待"向大学生身心发展状态的转化。这样,在高等学校体制性主动面向社会的状况下,高等教育功能就出现了放大效应。

这种放大效应还具体表现为高等教育政治功能、经济功能、文化功能的优化和相互协调的趋势。高等学校自主权的扩大,从根本上打破了高等学校体制性被动适应社会办学的旧格局,构建起高等学校抵御那些背离"社会期待"的"左"的思想的体制性防线,为把大量正确反映"社会期待"的教育内容引进大学教材和教室提供了制度性支持,为高等学校注重和促进大学生德智体全面发展营造了制度性环境,为高等学校造就数以亿计的工业、农业、商业等各行各业有文化、懂技术、业务熟练的劳动者,造就数以千万计的具有现代科学技术和经营管理知识，具有开拓能力的厂长、经理、工程师、农艺师、经济师、会计师、统计师和其他经济、技术工作人员，造就数以千万计的能够适应现代科学文化发展和新技术革命要求的教育工作者、科学工作者、医务工作者、理论工作者、文化工作者、新闻和编辑出版工作者、法律工作者、外事工作者、军事工作者和各党政工作者，提供了制度性保障。更重要的是，党的工作重心已转移到社会主义现代化建设上来，适应社会主义现代化建设需要开展高等学校办学已成为人们的共识，这就为高等教育体制转型提供了良好的社会环境。在高等学校体制性主动面向社会的状况下，全面反映政治形态、经济形态、文化形态的知识、能力、责任、义务和态度，在高等教育中受到重视，高等学校新培养出来的人才普遍受到用人单位的欢迎和高度评价，人才短缺局面得到有效缓解。这说明，高等教育的运行更加符合"社会期待"，高等教育的政治功能、经济功能、文化功能趋向优化和相互协调。

(二) 1993 年《纲要》引导高等学校由机制性被动面向社会办学转向机制性主动面向社会办学

1993 年《纲要》发布以前，高等学校机制性被动面向社会办学给高等教育功能带来了消极影响。虽然 1985 年教育体制改革引导高等学校由体制性被动面向社会办学转向体制性主动面向社会办学，高等教育的政治功能、经济功能、文化功能趋向优化和相互协调，但是，由于高等学校的法人地位尚未确立，面向社会自主办学的体制不够完善，办学自主权比较有限，高等学校还难以形成面向社会自主办学的自我决策机制、自我发展机制、自我调节机制、自我激励机制和自我约束机制，体制性主动面向社会办学仍然是自主办学机制的外在因素推动的结果，因而高等学校仍然缺乏机制性主动面向社会办学的积极性，仍然处于机制性被动面向社会办学的发展阶段。

自我决策机制的缺失使高等学校难以通过自我决策来履行面向社会自主办学的权利和义务，高等学校自我决策在很大程度上停留在执行政府决策的层面上，因而难以实现自我决策对"社会期待"的正确反映，进而加剧了高等学校自我决策与高等学校反映"社会期待"的需要的矛盾；自我发展机制的缺失使高等学校难以通过自我筹集办学资金来发展壮大自己，因而难以实现自我发展对"社会期待"的正确反映，进而加剧了高等学校自我发展与高等学校反映"社会期待"的需要的矛盾；自我调节机制的缺失使高等学校难以通过人、财、物的自我配置，专业设置、年度招生方案、系科招生比例和内部机构设置的自我调整，来优化资源配置、专业设置、系科招生比例和内部机构设置，因而难以实现自我调整对"社会期待"的正确反映，进而加剧了高等学校自我调整与高等学校反映"社会期待"的需要的矛盾；自我激励机制的缺失使高等学校难以通过教职工的自我聘任和自我奖惩、经费的自我筹集和自我使用、津贴的自我发放、国际交流的自我裁定、学生奖学金和助学金的自我发放，来调动师生的积极性，因而难以实现自我激励对"社会期待"的正确反映，进而加剧了高等学校自我激励与高等学校反映"社会期待"的需要的矛盾；自我约束机制的缺失使高等学校难以通过内部机构、教学制度、人事制度、分配制度和后勤管理等方面责、权、利的自我明晰，来约束师生的行为，因而难以实现自我约束对"社会期待"的正确反映，进而加剧了高等学校自我约束与高等学校反映"社会期待"的需要的矛盾。

这些矛盾使得高等教育的政治功能、经济功能和文化功能难以全面优化和高度相互协调，具体表现为高等教育投入不足、教师待遇偏低、办学条件较差的局面仍然没有根本扭转，教育思想、教学内容和教学方法程度不同地脱离实际，学校思想政治工作薄弱的状况仍然没有根本好转，高等学校培养出来的人才仍然不能满足社会主义市场经济发展的需要。这说明，高等教育的政治功能、经济功能和文化功能仍然需要通过自主办学机制的构建来进一步优化和相互协调。

1993年《纲要》发布以后，高等学校机制性主动面向社会办学对高等教育功能产生了积极影响。随着1993年《纲要》的发布，高等教育开始实行"政府宏观管理、学校面向社会自主办学"的体制，高等学校开始实行"政府办学"、"多种形式联合办学"、"学生缴费和社会集资办学"的办学模式，并通过立法，明确了高等学校的权利和义务,使高等学校真正成为面向社会自主办学的法人单位,允许学校在政府宏观管理下自主组织实施教学、科研工作及相应的人、财、物配置,自主制定年度招生方案、自主调节系科招生比例,自主调整或扩大专业范围,自主确定学校内部机构设置,自主决定教职工聘任与奖惩、经费筹集和使用、津贴发放以及国际交流,自主深化学校内部管理体制改革,通过学校内部机构、人事制度、分配制度和后勤管理改革,从而逐步建立起面向社会自主办学的自我决策机制、自我发展机制、自我调节机制、自我激励机制和自我约束机制。这就大大缓解或在很大程度上解决了高等学校面向社会自主办学机制与高等学校反映"社会期待"的需要的矛盾,使高等教育的政治功能、经济功能和文化功能得以进一步优化和相互协调。

三、维持、适应、建构功能的优化与协调——高等学校外生动力办学向内生动力办学的转化

前面已经指出,教育具有维持社会运行、适应社会变革、构建社会未来的功能,高等教育也是如此。社会运行、社会变革、社会未来作为社会的经济、政治、文化有规律地向前运动,是以物质文明和精神文明的传承为条件的。而社会变革作为改变社会运行状态的重要手段,是以物质文明和精神文明的传承为支撑的。同样,社会未来作为社会运行和变革的必然指向,是以物质文明和精神文明的传承为基础的。高等教育是物质文明和精神文明传承的重要手段,具有维持社会运行、适应社会变革、构建社会未来的功能。高等教育的"社会期待"反映社会良性运行、社会积极变革和社会美好未来的期待。全面反映"社会期待"的高等教育功能在于维持社会良性运行,适应社会积极变革,构建社会美好未来,而片面反映"社会期待"的高等教育功能在于维持社会恶性运行,适应社会消极变革,构建社会险恶未来,因此,高等教育的维持、适应、建构功能既可能是积极的功能,也可能是消极的功能。高等教育维持、适应、建构功能的优化和相互协调就是尽量发挥其积极功能,尽量抑制其消极功能,尽量促使其消极功能向积极功能的转

化，并有利于使其维持、适应、建构功能具有放大其积极功能的合力。那么，1985年以来中国高等教育体制改革究竟给高等教育的维持功能、适应功能、建构功能功优化和相互协调带来了什么效应呢？

事实上，1985年以来中国高等教育体制改革不断深化的过程，是促使高等学校由外生动力办学向内生动力办学转化的过程。在这个过程中，随着高等教育维持功能、适应功能、建构功能功的不断优化和相互协调，高等教育功能产生了放大效应。

（一）1985年教育体制改革引导高等学校由体制性外生动力办学转向体制性内生动力办学

改革开放以前，高等学校体制性外生动力办学给高等教育功能带来了消极影响。由于改革开放以前国家对高等学校办学统得过多过死，高等学校办学的动力主要表现为体制性外生动力。高等学校办学的外生动力与中国改革开放前颇为典型的他主办学相联系。如果说高等学校办学的动力源于高等学校办学需要，那么，中国改革开放前高等学校办学需要的形成，不是高等学校内部各要素相互作用的结果，而是高等学校内部各要素被动与其外部要素相互作用的结果，或者说是国家办学计划主导的结果，是"他主"办学的结果，也就是说，高等学校办学的动力是依靠外力的作用才得以生成的。由于这种"他主"办学是国家对高等学校办学统得过多过死的高等教育体制所赋予的，因此，这种外生动力与这种特定的体制相联系。

高等学校体制性外生动力办学，使"社会期待"向高等学校办学需要的转化主要依靠国家计划和政策来推动，而国家计划和政策只能有限地实现这种转化。我们知道，"社会期待"向高等学校办学需要的转化取决于高等学校对"社会期待"的态度和认识，态度越积极，认识就越全面，"社会期待"向高等学校办学需要的转化也就越全面。由于高等学校体制性外生动力主要依靠国家计划和政策来推动，因此，高等学校体制性外生动力办学的积极性局限于国家计划和政策允许的范围内，这样，高等学校对"社会期待"的态度和认识，实际上就变成了对国家计划和政策的态度和认识。

由于信息的不完全性决定了国家计划和政策反映"社会期待"的不完全性，所以，即使高等学校对国家计划和政策的态度是积极的，认识是全面、深刻、准确的，国家计划和政策也只是有限地把"社会期待"转化为高等学校的办学需要。一旦国家计划和政策总体上片面反映"社会期待"，高等学校体制性外生动力办学就极易形成高等教育的消极功能。

在改革开放以前，这种消极功能，极端化地表现为维持社会恶性运行，适应社会消极变革，构建社会险恶未来的高等教育功能。我们知道，在"十年动乱"以前，受"左"的思想影响，高等学校基本上在国家计划和政策的范围内办学，几乎没有什么办学自主权，体制性外生动力办学的特征比较明显，高等教育的"社会期待"有许多已不能在高等学校办学中得到体现，如法制建设、经济建设、社会建设急需的法律学专业、经济学专业、社会学专业、教育学专业、心理学专业等大量萎缩甚至停办，物质文明和精神文明的传承在内容上过于陈旧、在形式上过于单一、在评价上过于"政治化"，为阶级斗争服务成为高等学校的主要任务，高等教育功能片面和畸形发展。这种发展的累积效应就是高等教育消极功能放大，最后发展到"文化大革命"期间的停课搞武斗，高等教育功能实际上起到了维持社会恶性运行，适应社会消极变革，构建社会险恶未来的作用。

1985年教育体制改革以后，高等学校体制性内生动力办学对高等教育功能产生了积极影响。随着1985年教育体制改革，高等学校除了按国家计划和政策办学以外，还有一定的自主办学权，这使得高等学校在一定程度上可以直接面向社会办学，积极地对待和认识"社会期待"，直接将"社会期待"转化为自主办学需要，并在这种转化中形成内生动力。这种内生动力是体制改革的结果，因而是一种体制性内生动力。在这种动力的作用下，高等学校依据社会需要，积极恢复和调整专业，努力设计课程，精心编写教材，使物质文明和精神文明的传承更加全面地反映"社会期待"，同时依据大学生心理发展特点，积极组织教学，努力提高教学效果，使"社会期待"更加有效地转化为大学生发展的需要和结果。这就有利于高等学校造就大批有理想、有道德、有文化、有纪律的高级专门人才，有利于促进高等教育维持、适应、建构功能的优化和相互协调。

到20世纪90年代初，中国高等教育的维持、适应、构建功能明显优化。在维持功能的优化方面，随着高等学校体制性内生动力的逐步增强，高等学校主动维持自我有序运行的能力也随之增强，这就使得高等教育能在高等学校有序运行中展开，从而为高等教育的有序运行奠定了微观基础。我们知道，20世纪80年代后期中国面临的"社会障碍"之一是高级专门人才严重不足，面临的"社会失调"之一是低劣的国民素质与社会主义现代化建设不相适应，加快高等教育发展，培养大批高级专门人才，带动其他教育的发展，是控制"社会障碍"和"社会失调"，维持社会良性运行的客观要求。而1985年教育体制改革所导致的高等学校体制性内生动力的逐步增强，使高等教育得以稳步发展，大大缓解了高级专门人才严重不足的状况，而高考作为一种人才选拔和教育评价机制，又有力地带动了初、中等教育的发展。这就使得高等教育能在控制"社会障碍"和"社会失调"方面发挥更大的作用，高等教育的维持功能也因此得以优化。

在适应功能的优化方面，随着高等学校体制性内生动力的逐步增强，高等学校日益主动地适应社会变革，并把社会变革与自身发展日益紧密地联系起来，从而日益注重培养有利于推动社会积极变革的人才。可以说，1985年教育体制改革以后，各高等学校注重紧跟当代科学技术发展和国内体制改革的趋势，开展科学研究，并把研究成果用于教学，培养了一大批具有实事求是、独立思考、勇于创造等科学精神的人才，为中国生产力发展注入了活力，为解放生产力的各项体制改革注入了活力。

在建构功能的优化方面，随着高等学校体制性内生动力的逐步增强，高等学校主动反映"社会期待"也日益注重前瞻性，因为面向未来是高等教育的本质特征，这一特征必然随着体制性内生动力的增强而得以充分体现。事实上，1985年教育体制改革以后，高等学校为缓解高等教育供给相当不足的矛盾和政府公共教育支出一时增长有限的预期,高等学校及时开辟社会、家庭和个人投资高等教育的渠道,由少量"自费"试点到"双轨并存",即自费和公费并存;同时,兴办校办产业,开展广泛的科技服务,在为经济建设服务的同时,扩大了办学资金来源;另外,通过接受捐赠来吸引民间资金办学。据统计,到1991年,中国自费生已达11.34万人,占在校大学生的5.2%;委培生达20.7万人,占在校大学生的9.48%;到1992年,全国高校的学费收入大约为5亿元,约占全国高等教育事业费的4.6%;全国高等学校创收收入已达到21.6亿元,相当于同期高教事业费的20%。① 这不仅有力地支撑了社会主义现代化建设,而且为后来全面实行上大学收费制和"一费制"等改革提供了前瞻性实践经验,同时表明,高等教育构建自身和社会美好未来的功能得以不断增强。

在高等教育维持、适应、建构功能的相互协调方面,随着高等学校体制性内生动力的逐步增强,高等学校日益注重发挥高等教育积极功能的整体效应,在办学上,既注重规模和速度,又注重质量和效率;在教学上,既注重文明传承的广度,又注重文明传承的深度,既注重人的社会化,又注重人的个性化,既注重知识结构的构建,又注重创新能力的培养。这就使得高等教育的维持、适应、建构功能更加相互协调。

(二) 1993年《纲要》发布引导高等学校由机制性外生动力办学向机制性内生动力办学转化

1993年《纲要》发布以前,高等学校机制性外生动力办学给高等教育功能带来了消极影响。虽然1985年教育体制改革引导高等学校由体制性外生动力办学转向体制性内生动力办学,高等教育的维持、适应、建构功能进一步趋向优化和相互协调,但是,由于高等教育的举办者、管理者和办学者的职责尚不明确,高等学校的法人地位尚未确立和自主办学机制尚未健全,体制性内生动力仍然

---

① 邓晓春:《我国高等教育体制改革的回顾与展望》,转自论文下载网www.Lunwenda.com,原文链接 http://www.lunwenda.com/jiaoyu200804/86465,2006年6月3日。

是自主办学机制的外在因素推动的结果,是高等学校与其外部要素相互作用的结果,而不是高等学校内部各要素相互作用的结果,因而高等学校仍然缺乏机制性内生动力,仍然处于机制性外生动力办学的发展阶段。在这一阶段,自我决策动力的缺失使高等学校难以实现自我决策对"社会期待"的正确反映,从而加剧了高等学校自我决策动力不足与高等学校反映"社会期待"的需要的矛盾;自我发展动力的缺失使高等学校难以实现自我发展对"社会期待"的正确反映,从而加剧了高等学校自我发展动力不足与高等学校反映"社会期待"的需要的矛盾;自我调节动力的缺失使高等学校难以实现自我调整对"社会期待"的正确反映,从而加剧了高等学校自我调整动力不足与高等学校反映"社会期待"的需要的矛盾;自我激励动力的缺失使高等学校难以实现自我激励对"社会期待"的正确反映,从而加剧了高等学校自我激励动力不足与高等学校反映"社会期待"的需要的矛盾;自我约束动力的缺失使高等学校难以实现自我约束对"社会期待"的正确反映,从而加剧了高等学校自我约束动力不足与高等学校反映"社会期待"的需要的矛盾。这些矛盾使得高等教育的维持、适应、建构功能难以全面优化和相互协调,具体表现为学校规模仍然偏小,教职工与学生比例仍然偏高,学生缴费上学仍然不规范,公费生与自费生"双轨制"的弊端仍然突出,学校、专业的结构和地区布局仍然不够合理,单科类型、行业性强的学校仍然过多,专业面仍然过窄,办学效益仍然不高。这说明,高等教育的维持、适应、建构功能仍然需要通过机制性内生动力的增强来进一步优化和相互协调。

1993年《纲要》发布以后,高等学校机制性内生动力办学对高等教育功能产生了积极影响。随着1993年《纲要》的发布,一个以公办高校为主,民办高校、民办公助、与境外合作办学等多种形式的办学新格局开始形成,高等学校多元化办学机制开始逐步完善,高等学校多元化办学的机制性内生动力开始明显增强,使民办、民办公助、与大陆外合作办学从20世纪80年代的刚刚起步到2008年仅仅本科层次就拥有21所中外合作办学机构和247个中外合作项目（含港、澳台数据）①；随着高等学校由"按人头拨款"转变为"教育基金制"拨款，并针对不同层次和别类的高校，实行不同的拨款标准和拨款办法，以充分发挥拨款手段的宏观调控作用的财政拨款新机制的建立和高等学校办学经费多元化筹措机制的形成，高等学校办学经费筹措的机制性内生动力明显增强，中央和各级地方政府拨款持续下降，如2005年全国普通高等学校生均预算内事业费支出为5375.94元，比上年的5552.50元下降3.18%，生均预算内公用经费支出为2237.57元，比上年的2298.41元下降2.65%②；随着大学生"缴费上学"的新上学机制和高等学校毕业生"面向人才市场、自主择业"的新就业机制的形成，高等学校办学成本补偿的机制性内生动力明显增强，从而增强了高等学校对学生的服务意识，增加了高等学校的经费收入，强化了大学生缴费上学意识和个人高等教育成本补偿意识，激发了大学生刻苦学习的上进心；随着高校"自我发展、自我约束"机制的形成，高等学校主动适应社会需要办学的机制性内生动力明显增强，现在，高等学校教师不仅是人才培养者、科学研究者、社会服务者，而且是文化引领者，他们成为社会上最受尊重的职业之一。

随着高等学校机制性内生动力的增强，高等学校不仅积极主动地反映高等教育的"社会期待"，而且力求全面地回应"社会期待"，有效地把"社会期待"转化为办学需要、教师执教需要、学生学习需要，使文明的传承过程成为维持社会良性运行、适应社会积极变革和构建社会美好未来的过程，从而使得高等教育的维持、适应、建构功能更加趋向优化和相互协调。20世纪90年代以来，中国经济持续快速发展，改革开放的步伐日益加快，社会稳定和和谐的因素快速上升，人们的生活水平不断提高，都与高等教育的维持、适应、建构功能的不断优化和相互协调不无关系。

---

① 数据来源：http://www.crs.jsj.edu.cn/info_by_key.php?sort=1，中华人民共和国教育部中外合作办学监管工作信息平台。

② 数据来源：http://www.moe.edu.cn/edoas/website18/82/info24382.htm，《教育部、国家统计局、财政2005年全国教育经费执行情况统计公告》。

第三节　当前高等教育功能优化与协调存在的体制性障碍

1985年以来高等教育体制改革的不断深化，极大地调动了高等学校主动面向社会办学的积极性，有力地推动了高等教育的稳步发展。据教育部统计，到2007年，全国共有普通高等学校和成人高等学校2321所。其中，普通高等学校1908所，成人高等学校413所。普通高校中本科院校740所，高职（专科）院校1168所。民办高校297所，独立学院318所，民办的其他高等教育机构906所。全国各类高等教育总规模超过2700万人，高等教育毛入学率达到23%。① 正如前面所指出的那样，高等教育体制改革的不断深化，不仅为高等教育发展注入了强大动力，而且为高等教育功能的优化和协调注入了旺盛活力。这表明，1985年以来中国高等教育体制改革获得了巨大成功，对高等教育功能的优化和协调产生了积极效应。但是，应该看到，当前中国高等教育调控手段存在"市场"缺位、高等教育投资主体存在"企业"缺位、高等学校自主办学评价监督存在"裁判"缺位等体制性障碍，高等教育体制改革的步伐仍然有待加快。

一、当前高等教育功能优化和协调存在的体制性障碍之一：高等教育调控的"市场"缺位

高等教育调控有政府调控和市场调控两种方式：政府调控高等教育的手段主要是行政、规划、法律、经济、评估、信息服务等，市场调控高等教育的手段主要是高考分数、学费、文凭、学业成绩、大学毕业生起点工资等。如果高等教育体制存在弊端，政府调控高等教育的某一手段就会发生缺失，或者某一手段所导致的信号功能就会发生扭曲，从而导致高等教育调控的政府缺位；同样，如果高等教育体制存在弊端，市场调控高等教育的某一手段就会发生缺失，或者某一手段所导致的信号功能就会发生扭曲，从而导致高

---

① 教育部：《2007年全国教育事业发展统计公报》，载《中国教育报》，2008年5月5日。

等教育调控的"市场"缺位。这里的"市场"是指一切"看不见手"的调控手段。高等教育调控无论是政府缺位还是"市场"缺位，都会导致高等学校反映"社会期待"的失真，从而成为高等教育功能优化和协调的体制性障碍。

当前，中国高等教育调控出现了"市场"缺位。首先是高考分数信号功能的"市场"缺位。各省高考试题不同，难易不均，各省高考分数之间不具有可比性，高考分数的信号功能被严重扭曲，高考分数失去了在全国范围内统一调节招收供求的功能。教育部直属重点高校招生按计划向各省分配名额，这使得各省之间高考分数的竞争演变成招生名额的竞争，高考分数的信号功能被进一步扭曲。这就使得中国高等教育调控实际上存在着高考分数信号功能的"市场"缺位。其次是学费信号功能的"市场"缺位。由于政府对学费统得过死，不同水平高校的学费拉不开差距，学费的信号功能发生扭曲，致使学费难以在高等教育供求中发挥作用，使得中国高等教育调控实际上存在着学费信号功能的"市场"缺位。再次是文凭和学业成绩信号功能的"市场"缺位。由于中国人才市场发育不全，管理也不够完善，大学毕业生就业竞争在很大程度上成为"关系"竞争，文凭和学业成绩信号功能发生扭曲，致使文凭和学业成绩只有被套上"关系"的光环才能在就业竞争中发挥作用，因此，中国高等教育调控实际上存在着文凭和学业成绩信号功能的"市场"缺位。最后是大学毕业生起点工资信号功能的"市场"缺位。由于人才市场运作不够规范和工资政策的刚性，大学毕业生起点工资的弹性较小，难以有效反映人才供求状况，使得大学毕业生起点工资对大学生个人教育成本补偿的信号功能发生扭曲，从而导致大学毕业生起点工资在高等教育调控过程中的"市场"缺位。

要弥补中国高等教育调控的"市场"缺位，必须进一步深化高等教育体制改革，克服政府行政调控过多过死的弊端，让高考分数、学费、文凭、学业成绩、大学毕业生起点工资真正成为高等教育调控的重要手段，让这些手段所提供的信号更加真实可靠，让高等教育的办学者和求学者能凭借真实可靠的市场信号来正确反映

"社会期待",从而促进高等教育功能优化和协调。

二、当前高等教育功能优化和协调存在的体制性障碍之二：高等教育投资主体的"企业"缺位

高等教育投资主体主要有求学者及其家庭、政府、企业、高校、社会团体，其中求学者及其家庭、政府、企业是最主要的三大投资主体，因为他们是高等教育投资的主要受益者。高等教育投资主体的缺位，不仅会导致办学经费的相对短缺和高等教育供给的相对不足，使得高等教育供给不能正确反映"社会期待"，或者说使得高等教育供给与反映"社会期待"的高等教育需求不相适应，而且会削弱主体对高等教育投资和运行的社会责任感，使得高等教育的"社会期待"难以变成具体行动。因此，高等教育投资主体的缺位势必阻碍高等教育功能的优化和协调。高等教育投资主体缺位源于不尽合理的高等教育体制，属于体制性问题，它构成了高等教育功能优化和协调的体制性障碍。

当前，中国高等教育投资主体出现了"企业"缺位。一些投资独立学院的企业旨在从中谋求经济利益，大量规模企业没有或很少无偿资助高等教育，同样也没有或很少无偿参与高等学校的办学。中国私立高校的经费主要来自学费，而西方发达国家私立高校的经费主要来自企业无偿资助，尽管如此，中国私立高校所占比例仍然大大低于西方发达国家，这说明，他们的企业对高等教育的资助比中国的企业多。更重要的是，在西方发达国家，企业普遍把资助高等教育当做他们的社会责任和社会义务，企业派代表在高等学校董事会中任职，直接参与高等学校办学。在中国，高等学校董事会制度不够健全，除独立学院外，企业没有参与高等学校办学的其他渠道。这就使得中国高等教育投资主体出现了"企业"缺位，致使企业对高等学校资助的渠道不畅、规模过少。目前，靠政府拨款和"规划内"学费来办学的高等学校一般难以维持自身的正常运转，大量高等学校不得不通过"有偿办班"来维持自身的正常运转，而这样的"有偿办班"很难保障人才培养质量，同时也分

散了"规划内"办学的精力,不利于"规划内"人才培养质量。重要的是,中国高等教育投资主体的"企业"缺位,割裂了高等学校办学与企业承担社会责任之间的联系,难以形成高等学校与企业之间的沟通渠道,高等学校缺乏对企业在人才需求上的了解,企业也缺乏对高等学校在办学需求上了解,大学生实习缺乏基地,企业缺乏接受大学生实习的社会责任和社会义务,从而影响高等学校对"社会期待"的正确反映,进而形成高等教育功能优化和协调的体制性障碍。

要打破中国高等教育功能优化和协调的体制性障碍,必须把企业资助高等教育和参与高等学校办学的社会责任纳入现行企业制度建设之中,纳入现代高等学校制度建设之中,纳入高等教育体制建设之中,通过建立企业高等教育基金、规模企业与高等学校的对口关系、有企业代表参与的高等学校董事会制度等途径,使企业真正成为高等教育投资主体,使每个规模企业真正成为大学生实习基地,使高等学校与企业真正成为相互支持相互促进的盟友。

三、当前高等教育功能优化和协调存在的体制性障碍之三:高等学校自主办学评价、监督的"裁判"缺位

高等学校在获得办学自主权的同时,也必须承担相应的责任,其中最主要的责任就是培养高质量的人才,提供高质量的科研成果和社会服务。这就需要对高等学校履行责任的好坏进行鉴别,而只有对高等学校办学质量和水平进行真实、公正的评价和监督,才能进行鉴别。评价和监督必须有评价者和监督者,且举办者和办学者不能既是被评价者和被监督者又是评价者和监督者,形象地说,不能既当"运动员"又当"裁判员"。如果高等教育体制的弊端直接导致高等学校办学评价和监督的"裁判"缺位,那么,这种评价和监督就会严重缺失真实性和公正性,办学质量和水平的鉴别就成为问题,而不能科学鉴别办学质量和水平的办学评价和监督,难以调动高等学校办学提高人才培养质量的积极性,高等学校自主办学就可能在提高人才培养质量和水平上不作为,使得高等教育不能正

确反映"社会期待",从而阻碍高等教育功能的优化和协调。

当前,中国高等学校办学评价和监督出现了"裁判"缺位。政府举办的高等学校办学的评价和监督由政府教育行政主管部门指派人员对其进行评价和监督,严格说来,这是一种自我评价和监督。现在,高等学校有些办学评价研究人员和机构自行设立评价指标,对一些高校办学进行评估和排名,由于评价指标各异,评估结果不尽相同。这种评价虽弥补了高等学校办学评价和监督的"裁判"缺位,但是,由于这些评估人员和机构没有法律授权,其权利、职责和义务缺乏相应的法律规定,其评估的合法性值得怀疑。因此,这种评估难以真正弥补高等学校办学评价和监督的"裁判"缺位。

要解决中国高等学校办学评价和监督的"裁判"缺位问题,必须依法明确高等学校办学社会评价和监督机构的权利和职责,使社会评价和监督机构真正成为法人单位。要依托立法机构成立高等学校办学监督专业委员会,负责接收群众来信,调查和追究有关事故的责任,对高等学校办学实施经常性监控,定期公布监控情况,提出整改意见,公布整改成效,为高等学校正确反映"社会期待",努力提高高等学校办学质量和水平,提供专业组织保障。

第四节 几点结论

根据对1985年以来中国高等教育功能优化和协调的分析,我们得出以下几点结论。

一、促进教育功能优化和协调的必要性

教育作为有组织有目的地引导和优化学习、促进人的社会化和开发人的智慧潜能的社会活动和服务体系,是社会的产物,又以自己特有的活动和体系服务于社会。学校的出现开始了本书所指的狭义教育的恢弘历程。教育以人为直接服务对象,而人又是社会的主体。人的生存和发展需要教育,因而社会的延续和发展也需要教育。一定的社会对人的发展有特定的要求,人对这种要求的反映使

人产生了实现自身存在和发展的需要,从而构成了教育发展的依据。教育在服务人的同时也在服务社会。这种作用使教育具有按一定社会要求来满足人的存在和发展需要进而影响社会的功效和能量。这种功效和能量就是本书的主题——教育功能。一定社会对人的发展提出的要求,反映的是对一定教育的社会期待。它具有历史必然性和客观性,而人的意识和主观能动性具有全面正确反映这种社会期待的可能性。社会期待的历史必然性和客观性,要求教育存在和发展必须以社会期待为客观依据。教育功能既在社会期待内化为学生身心发展的过程中形成,又在反映社会期待的学生身心发展外化为认识和改造社会的力量的过程中生成,在反映毕业生身心发展状态的教育信号外化为人力资源配置机制的过程中产生。这种转化的效果决定着教育功能的优化与协调。提高这种转化的效果受制于许多复杂而多变的因素,不努力不足以达成。教育耗费大量资源,而资源是有限的,教育决策者、教育工作者和受教育者只有共同倾心于促进教育功能的优化与协调,才无愧于资源的提供者。教育寄托着国家的繁荣、民族的兴旺、人民的幸福,这一使命是光荣和神圣的,教育决策者、教育工作者和受教育者只有共同促进教育功能的优化与协调,才不辱使命。因此,促进教育功能的优化与协调是具有普遍意义的价值观。中国正面临着全面建设小康社会、实现中华民族伟大复兴的时代使命,教育是完成这一时代使命的智力基础。促进教育功能的优化与协调是顺利完成这一时代使命的必然要求。当前,中国教育还存在许多问题,人民对教育还不大满意,促进教育功能的优化与协调是办人民满意的教育的必然要求。

二、促进教育功能优化和协调的动态性

教育作为特有的社会活动和服务体系,随着社会的出现而出现,随着社会的发展而发展。社会发展的阶段性和连续性赋予教育以阶段性和连续性。现代教育大不同于古代教育,古代教育具有阶级分化性而现代教育具有阶层融合性,古代教育面向人的片面发展而现代教育面向人的全面发展,古代教育与生产劳动相分离而现代

教育与生产劳动相结合。社会发展阶段不同，社会对人的发展的要求会有所不同。这使得作为教育依据的社会期待在一定社会发展阶段具有确定性。这种确定性使教育功能的形成具有确定性依据。于是，寻找具有确定性的社会期待并将其转化为教育文本、教育行动、人的发展，就成为促进教育功能优化和协调的主要任务。社会发展作为连续不断的过程使得社会对人的发展的要求具有动态性，进而使得教育功能的优化和协调具有动态性，要促进教育功能的优化和协调也就必须坚持动态观。

坚持教育功能优化和协调的动态观，要求我们不断认识社会主义现代化建设对教育提出的社会新期待，不断认识反映社会新期待的个体求学的需要、学校办学的需要、政府发展教育的需要、毕业生就业的需要、企事业雇佣的需要、政府推动就业的需要，并以此为基础，遵循教育功能内生过程和外生过程中的基本规律，不断更新和完善教育文本，不断改进和优化教育行动，不断促进人的发展与社会新期待的契合，不断提高教育信号的可靠性、实用性及其传递的流畅性，不断推动就业和人力资源优化配置，以便不断促进教育功能的优化和协调。

三、促进教育功能优化和协调的可能性

教育作为特有的社会活动和服务体系，是人类的发明与创造，承载着人的智慧、情感、意志、勤劳和追求。人的天赋赋予人认识世界的巨大潜力，人的实践赋予人改造世界的巨大潜力。尽管社会期待向教育文本、教育行动、人的发展的转化，毕业生身心发展向认识和改造社会力量的转化，反映毕业生身心发展的教育信号向配置人力资源机制的转化，都因主客观条件的限制而具有不确定性，但是，教育总是在人的掌控之中，人认识和改造世界的巨大潜力使得人有可能降低和减少这种不确定性。因此，教育功能的优化和协调存在巨大可能性。

当前，中国已进入中华人民共和国成立以来的最佳历史时期，广大人民群众的积极性、主动性、创造性空前高涨，促进教育功能优化和协调的群众基础不断增强。社会主义经济建设、政治建设、文化建设、社会建设的持续快速推进，促进教育功能优化和协调的经济基础、政治基础、文化基础、社会基础日益牢固。改革开放的巨大成功和不断深化，促使教育功能优化和协调的认识和实践基础日益坚实。因此，在中国新的历史时期，我们应该对促进教育功能优化和协调充满信心。高等教育功能优化和协调的实践分析表明，1985年以来的高等教育体制改革，推动了高等学校被动面向社会办学向主动面向社会办学的转化，外生动力办学向内生动力办学的转化，从而产生了巨大的教育功能效应。但是，当前，高等教育功能的优化和协调，在高等教育调控上仍然存在"市场"缺位的体制性障碍，在高等教育投资主体上仍然存在"企业"缺位的体制性障碍，在高等学校自主办学评价、监督上仍然存在"裁判"缺位的体制性障碍；初等教育和中等教育功能的优化和协调，在公平与效率的取向和落实上也存在体制性障碍；制约教育功能优化和协调的教育认识障碍、教育决策障碍、教育行动障碍、就业障碍、人力资源配置障碍还存在。因此，中国促进教育功能优化和协调的任务还十分艰巨和繁重。当前，我们要把学习和实践科学发展观与促进教育功能优化和协调紧密结合起来，不断增强促进教育功能优化和协调的责任意识、时代意识、时间意识，不断把促进教育功能优化和协调的工作推向前进。

当代科学的发展呈现出既不断分化又不断综合的特点。社会学的发展也不例外。社会学在不断分化和不断综合过程中发展出社会经济学、教育社会学等新型学科。教育功能不仅在教育社会学中占有着重要地位，在其他社会学分支中也日益受到专家学者的高度关注。在西方社会学流派中，教育功能也吸引着社会学家的眼球，无论是教育行动—结构理论、结构功能理论、互动理论，还是个体社会化理论、建构理论，都涉及教育功能问题。

尽管本书对教育功能的优化和协调作了较系统的社会学分析，但是，教育功能优化和协调的许多问题仍然有待深入研究，如教育功能优化和协调的实施标准问题、教育功能优化和协调的国际比较和比较优势问题，教育功能的优化和协调与社区建设的关系问题，各级各类教育功能的优化和协调问题，等等。随着教育社会学和其他社会学分支的不断发展，这些问题必将得到多学科观点的进一步阐释和支持。系统构建教育功能优化和协调的理论模型、文本导向、实践模式、问题解析，必将成为社会学的使命。

参考文献

中文著作类（包括译著）：

1. 艾尔·巴比．社会研究方法．第 8 版．邱泽奇，译．北京：华夏出版社，2000．
2. 安东尼·吉登斯．社会学．第 4 版．赵旭东，等，译．北京：北京大学出版社，2003．
3. 保罗·A. 萨缪尔森，威廉·D. 诺德豪斯．经济学．第 14 版．胡代光，等，译．北京：首都经济贸易大学出版社，1998．
4. 布赖恩·特纳．社会理论指南．李康，译．上海：上海人民出版社，2003．
5. 陈如平．效率与民主——美国现代教育管理思想研究．北京：教育科学出版社，2004．
6. 迪尔凯姆．社会学方法的准则．狄玉明，译．北京：商务印书馆，1995．
7. 邓小平．邓小平文选．第 3 卷．北京：人民出版社，1993．
8. 傅维利．教育功能论．沈阳：辽宁教育出版社，1990．
9. 顾明远．教育大辞典．上海：上海教育出版社，2002．
10. 黄济．教育哲学通论．太原：山西教育出版社，2001．
11. J. C. 亚历山大．新功能主义及其后．彭牧，史建华，杨渝东，译．南京：译林出版社，2003．
12. 夸美纽斯．大教学论．北京：教育科学出版社，1999．
13. 兰德尔·柯林斯．教育成层的功能理论和冲突理论．国外教育社会学基本书选．上海：华东师范大学出版社，1989．
14. 联合国教科文组织国际教育发展委员会．学会生存——教育世界的今天和明天．北京：教育科学出版社，2003．

15. 联合国教科文组织 21 世纪教育委员会．教育——财富蕴藏其中．北京：教育科学出版社，2003．

16. 林清江．教育社会学新论．台北：五南图书出版有限公司，1981．

17. 刘豪兴，朱少华．人的社会化．上海：上海人民出版社，1993．

18. 马克思，恩格斯．马克思恩格斯全集．第 3 卷．北京：人民出版社，2002．

19. 马克斯·韦伯．经济与社会．林荣远，译．北京：商务印书馆，1997．

20. 马和民，高旭平．教育社会学研究．上海：上海教育出版社，1998．

21. 鲁洁，吴康宁．教育社会学．北京：人民教育出版社，2003．

22. 马丁·阿尔布劳．全球时代．高湘泽，冯玲，译．北京：商务印书馆，2001．

23. 马尔科姆·沃特斯．现代社会学理论．杨善华，等，译．北京：华夏出版社，2001．

24. 马和民．新编教育社会学．上海：华东师范大学出版社，2002．

25. 马和民，高旭平．教育社会学研究．上海：上海教育出版社，1998．

26. 麦克·F. D. 扬．知识与控制．上海：华东师范大学出版社，2002．

27. 莫琳·T. 哈里楠．教育社会学手册．傅松涛，等，译．上海：华东师范大学出版社，2004．

28. 默顿．论理论社会学．何凡兴，等，译．北京：华夏出版社，1990．

29. 欧文·拉兹洛．第三个 1000 年：挑战和前景——布达佩斯俱乐部第一份报告．王宏昌，王裕棣，译．北京：社会科学文献出版社，2001．

30. 欧文·拉兹洛. 人类的内在限度：对当今价值、文化和政治的异端的反思. 北京：社会科学文献出版社，2004.

31. 乔纳森·H. 特纳. 社会学理论的结构. 第7版. 北京：华夏出版社，2006.

32. T. 帕森斯. 社会行动的结构. 南京：译林出版社，2003.

33. 文森特·帕里罗，约翰·史汀森，阿黛思·史汀森. 当代社会问题. 周兵，单弘，蔡翔，译，北京：华夏出版社，2004.

34. 桑新民. 呼唤世纪的教育哲学——人类自身生产探秘. 北京：教育科学出版社，1995.

35. 苏国勋、刘小枫. 社会理论的诸理论. 上海：华东师范大学出版社，2005.

36. 杨昌勇，郑淮. 教育社会学. 广州：广东人民出版社，2005.

37. 钱民辉. 教育社会学. 北京：北京大学出版社，2004.

38. 钱民辉. 教育社会学：现代性的思考与建构. 北京：北京大学出版社，2005.

39. 钱扑. 教育社会学的理论与实践. 南宁：广西教育出版社，2001.

40. 王道俊，王汉澜. 教育学. 北京：人民教育出版社，1989.

41. 肖昊. 教育发展. 武汉：武汉大学出版社，2004.

42. 谢立中. 社会理论：反思与重构. 北京：北京大学出版社，2006.

43. 谢维和. 教育活动的社会学分析——一种教育社会学的研究. 北京：教育科学出版社，2001.

44. 袁方. 社会学百科辞典. 北京：中国广播电视出版社，1990.

45. 张人杰，王卫东. 20世纪教育学名家名著. 广州：广东高等教育出版社，2003.

46. 张人杰. 国外教育社会学基本书选. 上海：华东师范大学出版社，1989.

47. 詹姆斯·科尔曼. 社会理论的基础. 邓方, 译. 北京: 社会科学文献出版社, 1990.

48. 郑杭生. 社会学概论新修. 北京: 中国人民大学出版社, 2003.

49. 郑杭生. 中国特色社会学理论的应用——当代中国社会的特点问题. 北京: 中国人民大学出版社, 2005.

50. 郑杭生. 新世纪中国社会学——"十五"回顾与"十一五"展望. 北京: 中国人民大学出版社, 2006.

51. 郑杭生. 中国人民大学中国社会发展研究报告. 北京: 中国人民大学出版社, 2006.

52. 周长城. 经济社会学. 北京: 中国人民大学出版社, 2002.

中文博士毕业论文类:

1. 马和民. 社会化危机及其出路——关于中国人社会化模式的一项教育社会学研究. 上海: 华东师范大学, 2003.

2. 赵万里. 建构论与科学知识的社会建构. 上海: 南开大学, 2000.

中文文件、公报和论文类:

1. 胡锦涛. 高举中国特色社会主义伟大旗帜 为夺取全面建设小康社会新胜利而奋斗——在中国共产党第十七次全国代表大会上的报告, 2007.

2. 1997—2009年教育事业发展公报. 中华人民共和国教育部官方网站.

3. 中共中央. 公民道德建设实施纲要, 2001.

4. 中共中央国务院. 关于深化教育改革, 全面推进素质教育的决定, 1999-06-13.

5. 中华人民共和国教育法.

6. 中共中央关于教育体制改革的决定. 中发［1985］12号, 1985-05-27.

7. 傅维利．论教育功能的释放与阻滞．教育科学，1989，1：1-4.

8. 何积惠．人对未来也有"记忆"——科学家在大脑研究领域取得新进展．文汇报，2007-07-15.

9. 黄济．关于教育功能的几个问题．北京师范大学学报（社会科学版），1991，6：11-20.

10. 蒋凯．试论教育的负功能．江西教育科研，1994，1：9-11.

11. 缪建忠，邓生庆．社会学视野下的教育功能分析——兼论高等教育的扩张．天府新论，2006，6：149-152.

12. 孙彩平．教育规律中的量：兼析教育负效功能的存在机制．教育理论与实践，1999，8：2-7.

13. 孙俊三，谢丽玲．论教育理论的深化与教育两大功能的实现．教育理论与实践，2003，7：1-4.

14. 陶立志．教育功能论．甘肃社会科学，1993，4.

15. 陶立志．建立教育功能学的构想．教育研究，1994，7：50-53.

16. 陶西平．ESD——教育功能的新定位．北京教育（普教），2006，4.

17. 钱民辉．对国外教育社会学知识体系的思考．北京大学学报（哲社版），2003，1.

18. 钱民辉．教育真的有助于向上社会流动吗——关于教育与社会分层的关系分析．社会学研究．2004，4：199.

19. 肖川．学问的价值．中国教育报，2008-04-01.

20. 熊春文．论教育公平与社会公平——给予帕森斯理论视角的一个反思．中国教育学刊，2007，7：110.

21. 王长乐．当代教育功能观嬗变：从有用到有意义．教育理论与实践，2007，2：1-5.

22. 魏伯河．关于教育功能、主体、质量、手段之再认识——由创新能力培养引起的思考．山东教育科研，2000，6：19-24.

23. 吴康宁．教育的负向功能刍议．教育研究，1992，6：69-70.

24. 吴康宁. 教育的社会功能新论. 高等教育研究, 1996: 3.

25. 杨昌勇, 李长伟. 中国大陆教育社会学二十年: 回顾与反思. 教育理论与实践, 2003, 3: 1-5.

26. 杨昌勇, 李长伟. 中国大陆教育社会学三十年停滞沉沦之反思. 教育理论与实践, 2003, 1: 7-10.

27. 张行涛. 从关系的视角看教育功能的拓展. 教育评论, 1999, 1: 12-14.

28. 郑金洲. 教育功能研究十七年. 高等教育研究, 1996, 4: 30.

英文类:

1. Green Andy, John Preston. Education and Social Cohesion: Reentering the Debate, Peabody Journal of Education, 76 (3&4): 247-284.

2. Jan H. Blits. The American University, Problems Prospects and Trends. Prometheus books, New York, 1985.

3. Luhmann. The Differentiation of Society. Trans. By S. Holmos & C. Larmore. New York: Columbia University Press, 1982.

4. Luhmann. Social Systems. Trans. By J. Bednarz Jr. & D. Baecker. Stanford, California: Stanford University Press, 1995.

5. Neil J. Smelser, Richard Swedberg eds. The Handbook of Economic Sociology, 2nd eds. New York: Russell Sage Foundation and Princeton University Press.

6. Robert K. Merton. Social Theory and Social Structure. The Free Press, 1968.

7. Saïd Amir Arjomand. International Sociology into the New Millennium: The Global Sociological Community and the Challenge to the Periphery. International Sociology, 2000, 15: 5-10.

8. S. Michael Spence. Market Signaling. Printed in the United States of America.

9. Talcott Parsons. The School Class as a Social System: Some of

Its Function in American Society. Robert R. Bell, Holger R. Stub. The Sociology of Education: a Sourcebook. The Dorse Press, 1968.

10. William K. Cummings. Book Review: The International Handbook on the Sociology of Education: An International Assessment of New Research and Theory. International Sociology 2004, 19: 527-529.